La doctrina apostólica

Una guía bíblica para nuevos creyentes

ROBERTO TINOCO

WESTBOW
PRESS®
A DIVISION OF THOMAS NELSON
& ZONDERVAN

Puede hacer pedidos de libros de WestBow Press en librerías o poniéndose en contacto con:

WestBow Press
A Division of Thomas Nelson & Zondervan
1663 Liberty Drive
Bloomington, IN 47403
www.westbowpress.com
844-714-3454

ISBN: 978-1-6642-0153-8 (tapa blanda)
ISBN: 978-1-6642-0152-1 (tapa dura)
ISBN: 978-1-6642-0154-5 (libro electrónico)

Número de Control de la Biblioteca del Congreso: 2020915009

Información sobre impresión disponible en la última página.

Fecha de revisión de WestBow Press: 08/21/2020

Prólogo

Pocos son los manuales o libros en español que sustenten con buena base bíblica las doctrinas fundamentales de la fe cristiana. El Dr. Roberto Tinoco nos ha dejado un legado para las nuevas generaciones de creyentes que se convertirán en ministros del evangelio. Su obra, titulada *La Doctrina Apostólica: Una guía bíblica para nuevos creyentes*, discute los temas más importantes de la fe cristiana. Tanto los nuevos creyentes como los líderes y pastores ya recorridos y versados encontrarán aquí un acervo de conocimientos que contribuirán a la edificación de todo el pueblo de Dios.

El libro se inscribe en el marco de los procesos educativos con proyección al ministerio sagrado. Busca formar a los creyentes para la obra del ministerio en un proceso graduado.

Bien sabemos que por definición la educación tiene que ver con los diversos enfoques filosóficos o puntos de vista, según sean los contextos sociales en los que se desarrolla. Así, por ejemplo, desde el punto de vista de la sociología, la educación es el proceso mediante el cual las jóvenes generaciones se preparan para reemplazar a las generaciones adultas en las funciones de la vida social. Esto vale para la sociedad en general, pero se aplica exactamente a la iglesia

Desde el punto de vista cultural la educación asegura la continuidad de los valores y patrones de comportamiento que se han comprobado eficaces en la vida social de un pueblo. En la perspectiva psicológica, la educación permite al individuo formar y desarrollar su personalidad, considerando sus posibilidades intrínsecas transmitidas por herencia o aprendidas en el transcurso de su vida.

Considerada en una perspectiva histórica, la educación es el proceso que prepara al individuo para la nueva vida, o a la vida en plenitud;

la búsqueda de realización personal. Para ello el proceso educativo toma en cuenta la experiencia anterior, su integración a la sociedad, la continuidad de los valores culturales y la búsqueda del progreso colectivo. Vale decir el contexto en que desarrolla su experiencia de madurez en la fe.

Pero la educación puede verse también desde el punto de vista del medio como autosuperación y autolimitación personal. Cada vez que uno se supera va conociendo sus posibilidades y sus potencialidades, pero también va conociendo sus limitaciones. La autosuperación tiene que ver necesariamente con las motivaciones, los estímulos y las condiciones sociales, económicas, culturales y políticas favorables o desfavorables al individuo. El conocimiento de las propias limitaciones no debe ser producto de una imposición, sino que debe ser un descubrimiento progresivo, de modo que pueda ser asimilado y superado por el individuo. Esto último se aplicará a cada creyente que se forma en la fe para servir a Cristo.

Como sabemos, la educación en la fe de Cristo puede entenderse como el proceso mediante el cual se busca formar hombres nuevos, capacitados para la nueva vida (Dt.6:1-9; 2 Tim.3:14-17; 4:1-4). Se trata de un proceso de formación en la fe cristiana, en el marco más amplio de los procesos de construcción social. Hablamos de un proceso que es posible a partir del anuncio del evangelio de salvación en Cristo, cuyos objetivos básicos son: 1) La formación del "nuevo hombre" a la imagen y estatura de la plenitud de la vida en Cristo (Ef.4:13), hasta que Cristo sea formado en nosotros (Gal.4:19; Col.3:9-11) y, 2) El anuncio del Reino de Dios sobre la tierra, en la esperanza profética de ver cielos y tierra nuevos, según la promesa (Isa.65:17-25; Ap.21-22).

La tarea de educar a los hombres en la fe de Cristo supone el nuncio previo del evangelio a toda criatura, desde la niñez, para que cuando el individuo fuere viejo no se aparte de los caminos del Señor (Pr.22:6). La evangelización es, en este sentido, anterior a la educación cristiana. Sin embargo, Dios forma o prepara a sus hijos aún antes de que éstos lo reconozcan conscientemente como su Padre y como su Dios.

La educación cristiana aplicada a los niños, cuya conciencia está en proceso de crecimiento, puede jugar un rol importantísimo al prepararlos para el conocimiento de Cristo y la aceptación madura de las verdades de salvación. La instrucción en la Palabra de Cristo por medio de las Sagradas Escrituras forjará los valores más elementales y altos, de modo que pueda asegurarse a futuro una generación sana cuyos criterios de libertad, justicia, amor, esperanza, vida, respeto al otro, solidaridad, comunitariedad, entre otros, contribuyan a construir una sociedad más justa y democrática. En una palabra, que los haga capaces de recrear el mundo a la imagen de un mundo idealmente cimentado sobre los fundamentos de la fe.

Como es natural, la construcción de un mundo nuevo, a partir de hombres nuevos, supone un proyecto histórico de largo plazo y rebasa la simple instrucción o repetición del credo o catecismo fundamental de la iglesia.

Tal proyecto involucra una serie de acciones y de relaciones que coloca a la educación cristiana en el centro de la producción cultural, en diálogo con las diversas disciplinas del conocimiento humano, así como con las diversas instituciones sociales que rigen el comportamiento humano. La historia, la filosofía, la sociología, la antropología, la psicología, la economía, la política, la religión, etc. son áreas de la vida involucradas en el proceso de formación de hombres nuevos para una vida nueva. La educación teológica contribuye al proceso global o integral para la formación del pueblo de Dios.

La educación cristiana viene a ser, así, una parte especializada de las ciencias de la educación y es inseparable de ésta. La educación cristiana, por tanto, no puede estar separada de los procesos históricos y sociales del país, pues constituye la base moral y la estructura ideológica para la formación de la identidad nacional.

La educación cristiana se realiza a través de varios espacios. Uno de ellos es la *educación religiosa* que se imparte desde las escuelas y colegios, sean particulares, o nacionales. Otro espacio es propiamente la iglesia.

Allí la enseñanza de los contenidos de la fe cristiana toma la forma de un discipulado y un apostolado. Vale decir, que se instruye en el conocimiento de las Escrituras a todos los discípulos o seguidores de Cristo, preparándolos para el desarrollo de la misión de la iglesia. Este es precisamente el ministerio del Dr. Tinoco.

En las iglesias evangélicas este proceso se lleva a cabo mediante el estudio de la Biblia entre semana (algunos lo llaman "academia bíblica") y el estudio graduado de la Biblia (por edades) durante los domingos (conocido como "Escuela Dominical"). Las iglesias mejor organizadas incluyen un plan de formación más integral y diversificado por edades, géneros y vocaciones. Así, se forman las Sociedades de Damas, Sociedad de Jóvenes, Sociedad de Caballeros, entre otras. Cada una con objetivos y actividades propias, pero todas con el común denominador de una formación bíblica para el cumplimiento eficaz de la misión de la iglesia (Mt.28:18-20; Hch.5:42; Mr.16:15-18).

Clases dominicales para niños, formación catequética para nuevos creyentes o estudios bíblicos y teológicos para el ministerio cristiano, son cada uno ámbitos y niveles de una educación cristiana debidamente planificada. Otro espacio más especializado lo constituye la *educación teológica* para el ministerio sagrado, a través de institutos bíblicos, seminarios, facultades de teología o programas de teología en universidades. Esta formación supone las dos anteriores, y su orientación básica es la ordenación para el ministerio especializado.

La educación teológica universitaria avanza por niveles académicos y va desde un certificado, diploma, bachillerato, licenciatura, maestría, hasta un doctorado en teología. Se trata en realidad de una formación académica teórico-práctica y un adiestramiento para la función pastoral (sacerdotal o profética) o la función docente o evangelística, según Ef.4:11.

Luego de leer por completo el libro *La Doctrina Apostólica: Una guía bíblica para nuevos creyentes*, del Dr. Tinoco, me doy cuenta de que será un soporte efectivo en la formación de los futuros ministros del Señor. Dios bendiga a cada lector y esperamos que el Dr. Roberto Tinoco nos sorprenda muy pronto con nuevos volúmenes para la educación en la fe.

Dr. Bernardo Campos
Decano del Seminario Teológico Kerigma
Oregón, Portland, Estados Unidos
Junio del 2020

Presentación

La doctrina es quizás una de las enseñanzas más importantes para la vida de todo cristiano que quiera seguir a Cristo. Pero también para aquel que quiera nutrirse del conocimiento de la palabra de Dios y de la enseñanza que lo ha de llevar a una vida diferente en Cristo Jesús. Además, es muy importante conocerla porque nos habla de lo que creemos como iglesia referente a los temas doctrinales más importantes en la Biblia. Entre ellos, aquellos que son indispensables para alcanzar la vida eterna.

Conocer la doctrina es muy importante, ya que determina la base de nuestra posición teológica (Lo que creemos de Dios y sobre Dios), frente a otros credos. Además, la doctrina determina la forma que nosotros nos hemos de desenvolver en la vida cristiana y como viviremos nuestro cristianismo. Dicho de otra manera, "La manera en que nos conducimos revela la clase de doctrina que tenemos". Un cristiano que está fundamentado en la sana doctrina llevará una vida que agrade a Dios, no caerá tan fácil y mucho menos será llevado por cualquier viento de doctrina (Efesios 4: 14) sino que ha de permanecer en los caminos de Dios.

El libro "La doctrina apostólica" le enseñará al lector la manera que Dios quiere que nosotros vivamos la vida cristiana como hijos de Dios. En este libro aprenderemos sobre los temas básicos y fundamentales de la doctrina cristiana, escritos de una manera sencilla, en un lenguaje común y al alcance de aquellos que apenas comienzan la carrera cristiana, como de los que quieren enriquecer su conocimiento. Por otro lado, también, "La doctrina apostólica" puede servir como una herramienta de adiestramiento para todos aquellos líderes, maestros y profesores que se dedican a la preparación y capacitación de nuevos creyentes.

Dr. Roberto Tinoco
Junio 2020

Contenido

Tablas

Capítulo 1

Introducción a la doctrina apostólica

≈

*"Descendió Jesús a Capernaum, ciudad de Galilea; y
les enseñaba en los días de reposo. Y se admiraban de su
doctrina, porque su palabra era con autoridad".*

(LUCAS 4.31-32)

Introducción.

La enseñanza de la doctrina es lo más importante para un cristiano,
especialmente cuando éste comienza la vida cristiana. Cuando una
persona se convierte a Cristo, una de las cosas más indispensable para
su jornada espiritual es, sin lugar a duda, el conocimiento de su fe o,
dicho en otras palabras, de lo que cree.

Si una persona no conoce los puntos básicos de su doctrina, será una
presa fácil de cualquier enseñanza errónea. Por lo tanto, en este capítulo
aprenderemos sobre el significado de la palabra doctrina, ¿Qué es la
doctrina apostólica? sobre la enseñanza de Jesús y sus apóstoles, así
como la importancia de la doctrina en la vida del hijo de Dios.

I. Definición

Cuando hablamos de doctrina, nos debemos de preguntar; ¿Que es una
doctrina? O, ¿Qué significado tiene? Además, ¿cuál es el efecto de la
doctrina en la vida del hijo de Dios?

Debemos comenzar diciendo que en la misma Biblia encontramos algunas definiciones de esta palabra; por ejemplo, en el Antiguo Testamento; la palabra doctrina, se traduce de la palabra hebrea (*Shemuá*) y significa, "lo que es recibido". En el Nuevo Testamento la palabra que se usa es (*Didaché*), la cual denota enseñanza, aquello que se enseña; o el acto de dar alguna instrucción.[1] Entonces, tomando en consideración estas palabras, podemos afirmar que la doctrina es una enseñanza o instrucción que se enseña o se recibe.

Cuando alguien se refiere a la doctrina de un cristiano, por lo general se refiere a la forma que cree sobre un cierto tema o a la forma de enseñar sobre el mismo. En algunos círculos cristianos también se le llama tradición religiosa. Por último, la doctrina tiene un impacto muy poderoso en la vida del creyente, ya que determina la manera en que éste ha de servir a Dios y la forma en que ha de vivir su vida.

II. La doctrina apostólica

Muchas veces hemos oído sobre "La Doctrina Apostólica", pero realmente, ¿Qué es la doctrina apostólica? En una respuesta simple podemos decir que la doctrina apostólica es la enseñanza que se da o se recibe conforme a las enseñanzas de Cristo y de los Apóstoles del Señor. Es la enseñanza que Cristo y sus apóstoles enseñaron a sus seguidores.

Nosotros como Iglesia cristiana debemos seguir la doctrina de Cristo y sus Apóstoles según lo enseña la misma palabra de Dios.

> *"Edificados sobre el fundamento de los apóstoles y profetas, siendo la principal piedra del ángulo Jesucristo mismo."* (Efesios 2.20)

Partiendo de esta escritura, entonces debemos centrar nuestro estudio en las enseñanzas de Cristo y los apóstoles.

---

[1] W. E. Vine, *Diccionario Expositivo en Enciclopedia Electrónica Ilumina*, (Orlando FL Caribe-Betania, 2005).

A. La doctrina de Cristo

Cuando Cristo vino a este mundo él se dedicó a predicar la palabra de Dios y todas las palabras que Jesús decía; eran su doctrina, o la enseñanza de acuerdo con Jesús. Por ejemplo, Mateo registra un episodio donde se manifiesta lo que estamos diciendo:

> *"Y cuando terminó Jesús estas palabras, la gente se admiraba de su doctrina; porque les enseñaba como quien tiene autoridad, y no como los escribas."* (Mateo 7.28-29).

En este texto podemos ver la diferencia de las enseñanzas de Cristo y las enseñanzas de los religiosos contemporáneos de Jesús. El Señor les hablaba una palabra y enseñanza diferente y además con autoridad. Aquí podemos notar dos cosas:

1. Es una enseñanza verdadera.

La enseñanza de Jesús incluía la verdad completa de Dios. Uno no debe tomar parte de la Biblia solamente, sino que toda doctrina debe estar en armonía con el resto de la escritura. Los Escribas y Fariseos enseñaban solo lo que les convenía y muchas veces sus enseñanzas eran de hombres y lejos de la verdad, por eso Cristo los criticó fuertemente (Marcos 7.7-9). Es precisamente esta parte que hay que cuidar con tantas falsas doctrina que han surgido, las cuales forman sus religiones basadas en un solo versículo de la escritura o en solo una parte que les conviene.

2. Es una enseñanza con autoridad.

Otra de las cosas que diferenciaba la doctrina de Cristo con la de los religiosos de su época era la autoridad. La autoridad con la que hablaba Jesús no era solo porque él era el Cristo, sino porque sus acciones respaldaban lo que decía; a diferencia de los religiosos, quienes hablaban la Ley de Dios, pero no practicaban lo que predicaban (Mateo 23: 2-3). Este último punto es tan importante, ya que la doctrina es algo que marca la vida de todo aquel que la práctica. Es tan lamentable ver que personas que se dicen ser cristianos vivan una vida muy contraria a lo que predican.

B. *La doctrina de los apóstoles*

Los apóstoles de Cristo recibieron todas las enseñanzas de Jesús y ellos las enseñaron a la Iglesia. La Iglesia primitiva practicaba la doctrina de Cristo y de los apóstoles. El texto bíblico dice: *"Y perseveraban en la doctrina de los apóstoles, en la comunión unos con otros, en el partimiento del pan y en las oraciones."* (Hechos. 2: 42) Los apóstoles fueron los que continuaron con todas las enseñanzas que Jesús les dio intensivamente. Ellos sencillamente las trasmitieron a los primeros cristianos y así debieron ser trasmitidas hasta nuestros días.

Por lo tanto, la doctrina apostólica es una enseñanza que se fundamenta en lo que Cristo y sus apóstoles predicaron y vivieron. Si alguien quiere saber sobre la doctrina verdadera, debe de ir a la Biblia para ver lo que enseñaron Cristo y los apóstoles.

En este libro se estarán tratando temas fundamentales de la fe apostólica, tales como la Biblia; Dios, Jesucristo y el Espíritu Santo. El hombre, su creación y caída, también sobre el pecado, el arrepentimiento y la forma de ser salvo. Además, el lector aprenderá sobre prácticas de la Iglesia tales como normas de santidad, los diezmos y las ofrendas, la santa cena y su futuro con Cristo. Por lo tanto, el hijo de Dios disfrutará y edificará su fe con la doctrina apostólica.

III. La importancia de la doctrina en el creyente

Otro de los asuntos a considerar es la importancia que tiene la doctrina en la vida del hijo de Dios. La doctrina es la parte mas importante en la vida de un cristiano, y es fundamental para marcar la diferencia en el mundo. ¿Se acuerda de los religiosos de la época de Jesús? ellos son llamados por Jesús como sepulcros blanqueados (Mateo 23.27) porque enseñaban y mostraban que servían a Dios, pero realmente no estaban practicando lo que predicaban. El que tiene la verdadera doctrina y la practica tiene que marcar la diferencia en este mundo. La doctrina nos debe cambiar en todos los aspectos, desde la manera de pensar, hablar y sobre todo de conducirnos en este mundo. La doctrina es la parte más importante de la vida cristiana.

Por otro lado, la doctrina también es un asunto de sobrevivencia en el camino de Dios. Una persona que vive conforme a la doctrina será una persona que perdure en los caminos del Señor y no será movido por nada. El Señor Jesús utiliza el ejemplo de dos casas que son sacudidas por diversas situaciones para tratar de derribarlas; una está construida sobre la roca y otra sobre la arena, veamos lo que sucede:

> *"Cualquiera, pues, que me oye estas palabras, y las hace, le compararé a un hombre prudente, que edificó su casa sobre la roca. Descendió lluvia, y vinieron ríos, y soplaron vientos, y golpearon contra aquella casa; y no cayó, porque estaba fundada sobre la roca. Pero cualquiera que me oye estas palabras y no las hace, le compararé a un hombre insensato, que edificó su casa sobre la arena; y descendió lluvia, y vinieron ríos, y soplaron vientos, y dieron con ímpetu contra aquella casa; y cayó, y fue grande su ruina. Y cuando terminó Jesús estas palabras, la gente se admiraba de su doctrina; porque les enseñaba como quien tiene autoridad, y no como los escribas"*. (Mateo 7.24-29)

En este pasaje bíblico Jesús enfatiza que la casa que estaba edificada sobre la roca es la que permanece ante las diversas clases de azotes. Estar construido sobre la roca, aquí significa aquel que oye y obedece la palabra y, por lo tanto, es el que permanece de pie ante los diversos azotes que se presenten. Por otro lado, aquellos que oyen, pero no obedecen entonces son comparados a los que construyen sobre la arena, ellos caerán. Eso es exactamente lo que pasa en la vida cristiana. Solo los que se edifiquen sobre la roca han de prevalecer. Notemos que las dos casas sufrieron los mismos contratiempos, pero se mantuvo la que tenía un fundamento sólido, esto es la doctrina.

En la vida cristiana solo van a permanecer aquellos que adopten la doctrina como algo indispensable para sus vidas. Es por eso por lo que san Pablo le exige a los Efesios madurez espiritual para no ser llevados por cualquier viento de doctrina, (Efesios 4.13-14). Hemos encontrado que muchas personas que se convierten al cristianismo, pero descuidan cosas tan importantes como su fundamento no permanecerán. En nuestro libro, *"La deserción en la Iglesia"* tratamos las razones por las que la gente abandona el camino del Señor y algunas de ellas son precisamente, una falta de conocimiento y una pobre relación con Dios.[2] Porque debemos enfatizar que conocer la doctrina no es suficiente, también se necesita una fuerte relación con Dios.

Conclusión

Concluimos este capítulo enfatizando que la doctrina es muy importante en el cristianismo y una parte fundamental en el crecimiento del hijo de Dios. Por lo tanto, es recomendable que se aprenda muy bien y que se conozca, especialmente aquellos temas que son fundamentales para la fe y para marcar la diferencia en la vida.

Por otro lado, conocerla también facilita el poder exponerla cuando sea necesario y también puede evitar que el hijo de Dios sea arrastrado por cualquier falsa doctrina. El cristiano debe también conocer los temas fundamentales de su fe y trasmitirlos a sus seres queridos y amigos, pues en última instancia, el objetivo de todo hijo de Dios es dar testimonio de las buenas nuevas de salvación.

---

[2] Roberto Tinoco, *La Deserción en la Iglesia: Por qué la gente se va y qué podemos hacer*, (Bloomington IN: WestBow Press, 2016), 75.

Capítulo 2

La Biblia

≈

"Y que desde la niñez has sabido las Sagradas Escrituras,
las cuales te pueden hacer sabio para la salvación
por la fe que es en Cristo Jesús."

(2 TIMOTEO 3.15)

Introducción

El hijo de Dios debe fundamentar su fe en la palabra de Dios, a saber, la Biblia. Nadie debe creer simplemente en opiniones y conceptos humanos. La verdadera doctrina cristiana se fundamenta en las Sagradas Escrituras y no en opiniones o filosofías de hombres. La Biblia es el libro más importante para todo cristiano ya que contiene las leyes de Dios y el plan de salvación para el hombre entre otras cosas. Uno, como hijo de Dios, la debe amar y respetar, la debe conocer para ser salvo y para ser sabio.

En este capítulo estaremos aprendiendo algunas cosas básicas de este libro tan importante para los hijos de Dios, ya que la Biblia es y contiene la voluntad de Dios para nuestra vida. Por lo tanto, nos enfocaremos en el significado de la palabra "Biblia"; además, aprenderemos cómo se escribió, cómo está organizada y cómo ha llegado a nuestro tiempo. También aprenderemos por qué debemos creer en ella y veremos algunos consejos prácticos para su lectura y estudio.

I. Definición

El Diccionario Bíblico Ilustrado dice que "Biblia es el nombre con el cual se designan desde muy antiguo las Sagradas Escrituras de la Iglesia Cristiana". Además, revela que el nombre "Biblia" viene del griego a través del latín y significa "Los Libros".[3] Por su parte el diccionario ilustrado de la Biblia dice que la palabra "Biblia" viene de la palabra griega *biblión*, y quiere decir "libro breve", o sea, colección de libros breves. Agrega, que es el nombre dado a la colección de escritos que la iglesia cristiana considera divinamente inspirados. Luego añade que este término comenzó a utilizarse a fines del siglo IV d.C.

En griego *ta biblía* era un neutro plural, pero al pasar al latín se le atribuyó el género femenino, debido a su terminación en "a". De allí nuestra costumbre en castellano de referirnos a "la Biblia".[4] Además de esto, la Biblia recibe otros nombres dentro de sus páginas tales como: "Las Sagradas Escrituras" o La Ley de Dios. Uno de los más usados es "La Palabra de Dios"

Ediberto López-Rodríguez, profesor de Nuevo Testamento en Puerto Rico, dice que el concepto "palabra de Dios se entreteje entre las múltiples tradiciones que hallamos en la Biblia y que los pasajes bíblicos que llaman palabra de Dios a algún oráculo, dicho de sabiduría o relato, parte de la premisa de que en el pasaje mencionado ha acontecido algo que es conforme a la voluntad de Dios".[5]

II. El Contenido de la Biblia

A. Contenido

La Biblia contiene 66 libros que forman el canon sagrado, y son los que la iglesia cristiana reconoce como inspirados por Dios. Aunque hay otras versiones que han agregado libros a la Biblia (por ejemplo, Los libros

---

[3] *Nuevo Diccionario Bíblico Ilustrado*, (Terrasa, Barcelona, Editorial CLE 1985).

[4] *Diccionario Ilustrado de la Biblia*, (Nashville TN: Tomas Nelson, 2001), 309.

[5] Ediberto López-Rodríguez, *Cómo se formó la Biblia*, (Minneapolis, MN: Augsburg Fortress, 2006), 13.

Apócrifos o Deuterocanónicos), no obstante, la Iglesia cristiana solo reconoce 66 libros como inspirados por Dios.

La palabra Canon según el diccionario bíblico viene de la palabra hebrea Kaneh que significa carrizo o caña y se emplea para medir siempre en sentido literal, por ejemplo, en Ezequiel 40.5. Además, se agrega que de esta palabra semítica viene la palabra hebrea *Kanon* la cual la versión Reina Valera traduce por regla o norma.[6] De allí entonces que cuando hablamos del canon de la Biblia nos referimos a los libros que fueron debidamente medidos por la iglesia para poder pertenecer al compendio de escritos sagrados de los cristianos, en otras palabras, los libros aprobados por la Iglesia cristiana.

B. *Contenido y Organización*

La Biblia contiene dos divisiones principales: Antiguo y Nuevo Testamento. El Antiguo Testamento fue escrito por y para los antiguos hebreos o judíos y es conocido como la Biblia hebrea. De acuerdo con el Dr. Ediberto López, la mencionada Biblia hebrea estaba organizada en 24 libros (los cuales son el equivalente de los 39 libros de la Biblia cristiana). Los judíos dividen estos 24 libros en tres partes a las cuales llaman *Tanaka*, que procede de tres palabras hebreas, *Torá* (La ley), *Nebim*, (Los profetas, desde Josué hasta Malaquías) y *Ketubim*, (los escritos, los cuales incluyen, Salmos, los libros sapienciales, Rut, Ester, la historia del cronista y Daniel).[7]

Por otro lado, el Nuevo Testamento fue escrito por y para la Iglesia, y a diferencia del Antiguo Testamento, según el Dr. López, todos los cristianos, no importa su tradición religiosa, compartimos los mismos libros y el mismo orden.[8] Ambos Testamentos son la Palabra de Dios o la Biblia para la Iglesia cristiana. No obstante, es importante resaltar que los judíos no tienen dentro de su Biblia el Nuevo Testamento cristiano, ya que ellos no reconocieron a Jesús como el Mesías que había de venir.

---

[6] Diccionario Ilustrado de la Biblia, (Nashville TN: Tomas Nelson, 2001) 362.
[7] Ediberto López, *Op. cit.* 35.
[8] Ibid. 67.

1. El Antiguo Testamento contiene 39 libros los cuales se agrupan de la siguiente manera:

   a. Cinco libros legislativos: Génesis, Éxodo, Levíticos, Números y Deuteronomio.
   b. Doce libros históricos: Josué, Jueces, Ruth, 1 y 2 de Samuel, 1 y 2 de Reyes, 1 y 2 de Crónicas, Esdras, Nehemías y Ester.
   c. Cinco libros poéticos: Job, Salmos, Proverbios, Eclesiastés y Cantares.
   d. Diecisiete libros proféticos: Cinco profetas mayores, y doce profetas menores. Se les llama profetas mayores o menores por el contenido de sus escritos y no porque sean mayores de edad o poder.

   Profetas Mayores: Isaías, Jeremías, Lamentaciones, Ezequiel y Daniel.

   Profetas Menores: Oseas, Joel, Amos, Abdías, Jonás, Miqueas, Nahum, Habacuc, Sofonías, Hageo, Zacarías y Malaquías.

2. El Nuevo Testamento contiene 27 Libros y se agrupan de la siguiente manera:

   a. Cuatro libros biográficos: Mateo, Marcos, Lucas y Juan
   b. Un libro histórico: Hechos de los Apóstoles.
   c. Catorce epístolas Paulinas: Romanos, 1 Y 2 de Corintios, Gálatas, Efesios, Filipenses, Colosenses, 1 y 2 de Tesalonicenses, 1 y 2 de Timoteo, Tito, Filemón y Hebreos.
   d. Siete epístolas pastorales: Santiago, 1 y 2 de Pedro, 1, 2 y 3 de Juan y Judas.
   e. Un libro profético: Apocalipsis.

C. Subdivisiones de Capítulos y Versículos

Además de la división en Antiguo y Nuevo Testamento y en los diferentes libros, la Biblia está organizada en capítulos y versículos. Esta subdivisión se llevó a cabo en el siglo XIII por el Profesor Esteban

Langton de la universidad de Paris, ya que originalmente los libros de la Biblia estaban escritos en un solo bloque de escritura. Gracias a esta subdivisión ahora se puede localizar cualquier capitulo o versículo fácilmente, lo cual facilita su estudio y comprensión.

El Antiguo Testamento contiene 929 capítulos y 23.214 versículos. El Nuevo Testamento contiene 260 capítulos y 7.959 versículos.

III. ¿Cómo nos llegó la Biblia?

Cuando estudiamos la Biblia nos debemos preguntar ¿cómo nos llegó este santo libro hasta nuestros días? Debemos considerar que la Biblia no es un libro común y mucho menos se elaboró como nosotros suponemos o estamos acostumbrados. La Biblia llevó un proceso muy largo para su elaboración y tuvo que pasar por muchas cosas para que llegara a ser lo que es hoy. Además, debemos considerar que tampoco se imprimió como nosotros estamos acostumbrados a ver los libros el día de hoy, sino que llevó un duro proceso el cual incluyó la acuñación de letras y símbolos, la impresión en tablas y piedras y por último, la imprenta. En esta sección detallaremos un poco sobre su origen y como llegó a nosotros.

A. Nuestra Biblia proviene del Oriente

Lo primero que debemos decir es que la Biblia fue escrita en un lenguaje y medioambiente oriental. Por ello contiene palabras, nombres de objetos, de ciudades, comidas y otras cosas que se usaban en aquellas tierras, pero no en las nuestras. Sin embargo, eso no quiere decir que lo que contiene escrito no se aplique a nosotros. La Biblia fue escrita en el desierto, en la ciudad, en el campo y en muchos otros lugares localizados en países y ciudades del oriente medio.

B. Idiomas de la Biblia

Además de lo antes mencionado, la Biblia fue escrita en otros idiomas, diferentes a los nuestros. El Antiguo Testamento fue escrito en hebreo y algunas porciones en arameo, mientras que el Nuevo Testamento fue escrito totalmente en griego. Es importante resaltar en este punto que, para entender la Biblia, uno debe tener noción de la diferencia de estos idiomas y que la Biblia que tenemos escrita en castellano tuvo que pasar por un proceso de traducción. Hoy podemos entender mejor los textos originales gracias a los diferentes diccionarios y ayudas que existen para una traducción más precisa.

C. Materiales

La Biblia llevó un proceso para ser lo que es ahora, un libro. Fue escrita sobre diferentes clases de materiales, entre los cuales están la piedra, el papiro, el pergamino, la piel y, por último se copió en un libro de papel. Debemos agregar a esto que también se escribió utilizando diferentes clases de instrumentos, desde cinceles hasta plumas con tinta. El día de hoy gozamos al poder hojear un libro bien elaborado, hasta escrito en colores y con imágenes, mas no siempre fue así.

D. Inspiración de la Biblia

La Biblia es un libro sagrado, el cual contiene las palabras y la voluntad de Dios, y su autor es el Señor Todopoderoso. No obstante, no podemos descartar que también es un libro humano, ya que fue escrito por los hombres. Al ser Dios el autor y no el hombre, debemos entonces entender que Dios usó a los hombres para escribir su voluntad y que ellos no escribieron lo que quisieron. Por lo tanto, debemos reconocer que la palabra de Dios nos ha llegado por inspiración Divina y no por voluntad humana. Es decir, Dios inspiró a los escritores bíblicos y ellos escribieron lo que Dios les inspiró que escribieran. Bancroft lo dice de una manera muy precisa:

> *"Los escritores fueron investidos de poder y controlados de una manera tal por el Espíritu Santo en la producción de estas, que les dieron autoridad divina e infalible".*[9]

---

[9] Emery H. Bancroft, *Op. cit.*,30.

Los siguientes textos bíblicos confirman esta verdad.

> *"Toda la Escritura es inspirada por Dios, y útil para enseñar, para redargüir, para corregir, para instruir en justicia, a fin de que el hombre de Dios sea perfecto, enteramente preparado para toda buena obra." (2 de Timoteo 3.16-17)*

> *"Porque nunca la profecía fue traída por voluntad humana, sino que los santos hombres de Dios hablaron siendo inspirados por el Espíritu Santo." (2 de Pedro 1.21)*

IV. ¿Por qué creer en la biblia?

Si la Biblia es la palabra de Dios, entonces debemos de creer en ella. Sin embargo, muchas veces hemos oído a personas decir: ¿Por qué debo de creer en la Biblia? Si es un libro que escribieron los hombres. Es importante subrayar, como ya dijimos anteriormente, que, aunque la escribieron los hombres, Dios se la inspiró y ellos no escribieron lo que quisieron. Sin embargo, hay algunas razones por las cuales debemos creer en la Biblia y estas las señalamos a continuación.

A. Porque es la palabra de Dios

Uno debe creer en ella, pues es la palabra de Dios. La Biblia es el registro de las relaciones de Dios con los hombres, por lo tanto, debemos creer todo lo que está escrito, ya que tiene que ver con esa relación. Cada palabra escrita en sus páginas representa la voluntad de Dios para el ser humano.

B. Porque es la palabra profética más segura

La segunda razón del por qué debemos creer en la Biblia es porque todo lo que en ella está escrito es digno de confianza. El mismo texto bíblico dice lo siguiente:

"Tenemos también la palabra profética más segura, a la cual hacéis bien en estar atentos como a una antorcha que alumbra en lugar oscuro, hasta que el día esclarezca y el lucero de la mañana salga en vuestros corazones." (2 de Pedro 1.19).

Esta afirmación tiene que ver con la veracidad de Dios, ya que todo lo que él dice tiene su estricto cumplimiento. Jesús dijo de esto que ni una jota, ni una tilde de la ley quedaría sin su cumplimiento, (Mateo 5.18). Por lo tanto, el hijo de Dios debe de saber que la palabra es firme y segura y eso le debe de dar confianza y seguridad.

C. Porque hay evidencia de ser la palabra de Dios.

Además de lo mencionado arriba, debemos creer en la Biblia porque hay una fuerte evidencia de que ella es la palabra de Dios. Por lo tanto, reconocemos al menos dos evidencias principales las cuales enfatizan lo que hemos mencionado anteriormente.

1. Evidencia en la misma Biblia o evidencia interna.

En muchos textos bíblicos, la Biblia afirma ser la Palabra de Dios. Por ejemplo, en Éxodo dice:

"Y Jehová dijo a Moisés: Escribe tú estas palabras; porque conforme a estas palabras he hecho pacto contigo y con Israel." (Éxodo 34. 27)

Y También en Jeremías dice:

"Así habló Jehová Dios de Israel, diciendo: Escríbete en un libro todas las palabras que te he hablado." (Jeremías 30:2).

Textos como estos declaran una y otra vez que lo que en la Biblia está escrito, es la palabra de Dios y eso nadie puede contradecirlo.

2. Evidencia externa de la Biblia.

Otra garantía para creer en la Biblia es la evidencia externa; es decir, aquellas cosas que se dicen de ella o aquellas consideraciones que determinan esa veracidad. A continuación, veamos cuatro consideraciones presentadas por Larry S. Chafer.

a) *La continuidad de la Biblia.* La primera evidencia externa de la Biblia es la continuidad (Unión natural) entre sí. Uno de los hechos más sorprendentes y extraordinarios respecto a las Sagradas Escrituras, es que, aunque fueron escritas por más de cuarenta autores que vivieron a lo largo de un período de más de 1.600 años; no obstante, la Biblia es, "Un Libro" y no una simple colección de 66 libros.

Sus autores proceden de los más diversos lugares y situaciones de la vida; entre ellos hay reyes, campesinos, filósofos, hombres de Estado, pescadores, médicos, eruditos, poetas y agricultores. Todos ellos, vivieron en diferentes culturas, en diferentes experiencias existenciales, y con frecuencia fueron completamente distintos en carácter. No obstante, todos mantienen una unidad en sus escritos. La Biblia tiene una continuidad que puede ser observada desde el Génesis hasta el Apocalipsis.

b) *La extensión de la revelación bíblica.* En su manifestación de la Verdad, la Biblia es inextinguible. Al igual que un telescopio, se adentra en el universo desde las infinitas alturas y profundidades de los cielos, hasta la tremenda hondura del infierno y capta las obras de Dios desde el principio hasta el fin. Como un microscopio, revela los más diminutos detalles del plan y el propósito de Dios y la perfectísima obra de la creación.

c) *La influencia y publicación de la Biblia.* Ningún otro libro ha sido jamás publicado en tantas lenguas e idiomas, por y para tan diferentes pueblos y culturas, como la propia Biblia. Sus páginas están entre las primeras que fueron impresas cuando se inventaron las prensas de la moderna imprenta.

d) La Biblia como literatura. Considerada como obra literaria, la Biblia es también algo supremo. No solamente contiene la historia gráfica, sino la profecía en detalle, la más bella poesía y el drama, relatos de amor y de guerra, las especulaciones de la filosofía y cuanto se relaciona con la verdad bíblica.[10]

V. Consejos finales

Por último, tenemos que enfatizar, que como hijos de Dios debemos leer la Biblia periódicamente y aprenderla para que nuestra vida sea cambiada por ella. Una de las primeras cosas que aconsejo en mi libro "La vida cristiana", es conocer el por qué debemos de leerla. En ese libro señalo que la Biblia es la voz y el mensaje de Dios para nuestras vidas. Además, por medio de la Biblia podemos conocer a Dios más íntimamente. También, por medio de ella podemos recibir enseñanza e instrucción que nuestra alma necesita y corregirnos, y por último, leerla es necesario para vivir.[11]

Otra de las recomendaciones para todo creyente es establecer un régimen de lectura para siempre estar en contacto con ella. Hoy en día existe gran cantidad de planes de lectura y devocionales sobre la misma los cuales nos pueden ayudar a una mejor comprensión y un acercamiento a la palabra de Dios. Otra de las cosas que se señala en el libro, la vida cristiana es que "la Biblia se debe de leer con un corazón hambriento de conocer la voluntad de Dios y con una mente abierta para poder entenderla".[12] Además, siendo que la Biblia es tan importante para nosotros como hijos de Dios, entonces debemos trasmitirla a nuestros hijos y generaciones, pues representa nuestro tesoro más especial.

---

[10] Lerry S. Chafer, *La Biblia: Palabra de Dios*, Seminario Reina Valera, http://www.seminarioabierto.com/doctrina101.htm. Consultado, abril, 5, 2016.
[11] Roberto Tinoco, *La Vida Cristiana: Una guía bíblica para nuevos convertidos*, (Bloomington, IN: WestBow Press, 2016), 85-86.
[12] *Ibid*, 89.

Conclusión

Concluimos este capítulo repitiendo que la Biblia es lo más importante que tenemos como hijos de Dios y que debemos de conocer la información básica de ella, así como los detalles más sobresalientes de la misma. Por lo tanto, lo que se ha presentado en este capítulo, aunque es simple y sencillo, lo debemos poner por obra, ya que eso nos va a ayudar a conocer mejor a Dios y su voluntad para nosotros.

Capítulo 3

Dios

≈

"Oye, Israel: Jehová nuestro Dios, Jehová uno es."

(DEUTERONOMIO. 6. 4)

Introducción

Conocer a Dios es uno de los privilegios más grandes que como seres humanos podemos experimentar. Dios es el ser más maravilloso que existe y, el solo hecho de estudiar para aprender de él ya bendice nuestra vida. Además, el conocimiento de él mismo es lo más grande que un ser humano puede alcanzar. Sin embargo, dicho conocimiento no es fácil de alcanzar, ya que nosotros somos seres finitos y no tenemos el más mínimo poder de conocerlo, y mucho menos la capacidad para apercibirlo. No obstante, Dios en su infinita misericordia se nos ha dado a conocer y nos ha permitido experimentar su presencia y su bienestar. Basado en esa bondad es que podemos hablar y estudiar de él.

En este capítulo aprenderemos algunas cosas muy importantes sobre Dios, por ejemplo; ¿Quién es Dios?, su existencia y naturaleza, cómo se llama y cómo se manifiesta a los seres humanos, entre otros asuntos de suma importancia.

I. La existencia de Dios

Para nosotros como creyentes, la existencia de Dios es la piedra angular de la doctrina y de nuestra vida cristiana. No tiene sentido hablar de Dios a menos que se admita que existe y no tiene sentido reunirse a menos que se sepa que está presente. Sobre esto la Biblia dice: *"...porque es necesario que el que se acerca a Dios crea que le hay, y que es galardonador de los que le buscan." (Hebreos 11.6)*

Bancroft lo dice de esta manera: *"La existencia de Dios está aceptada como un hecho en las escrituras sin dar ningún argumento para establecerla o probarla"*.[13]

Los cristianos no tenemos problema en entender y aceptar que Dios existe; sin embargo, tenemos que luchar contra diversas corrientes y pensamientos de hombres que niegan la existencia de Dios. Entre los que la niegan están los ateos que no creen en Dios, pero también existen personas que ni creen, ni afirman que Dios existe. A veces estas personas demandan respuesta de los cristianos a su negativa sobre la existencia del creador. Para probar la existencia de Dios tenemos mucho que decir, sin embargo, en este escrito abordaremos solamente dos cosas; primeramente, los argumentos a favor y, en segundo lugar, lo que dice la Biblia al respecto.

A. Argumentos racionales a favor de la existencia de Dios

En su libro sobre apologética, Geiser y Brooks presentan cuatro argumentos para responder a aquellos que dudan o niegan la existencia de Dios y se detallan a continuación.

1. *El argumento Cosmológico.* Este sostiene que todo lo que existe en el mundo debe tener una causa adecuada. El famoso argumento de "causa y efecto" establece que todo lo que existe, algo tuvo que haberlo creado. En otras palabras, existe por

---

[13] Emery H. Bancroft, *Op.cit.*, 42.

algo y ese "algo" tiene que ser Dios. Pablo dijo que todos los hombres conocen acerca de Dios, porque Dios se los manifestó. (Romanos 1.19-20).

2. *El argumento Teleológico.* Este sostiene lo siguiente: Por dondequiera que el mundo se mire, revela inteligencia, orden, armonía, y designio, denunciando así la existencia de un ser inteligente que diseño este mundo.

3. *El argumento Axiológico o de la ley Moral.* Habla del reconocimiento por el hombre de un bien superior y su búsqueda del ideal moral exigen y necesitan la existencia de un Dios que convierta en realidad ese ideal.

4. *El argumento Ontológico.* Este argumento sostiene que debe existir un ser absolutamente perfecto por encima de todo y que el ser humano ya tiene en su mente la idea de Dios.[14]

Además de los cuatro argumentos presentados anteriormente, Luis Berkhof agrega uno más, el cual se detalla a continuación.

5. *El argumento Histórico o Etnológico.* Berkhof afirma:

"Entre los pueblos y las tribus de la tierra se encuentra un sentimiento de lo divino, que se manifiesta en culto externo." En otras palabras, el individuo siente la necesidad de algo trascendente en su vida, algo que lo eleve y esto lo vemos reflejado en la historia de la humanidad. Agrega aún más: "siendo universal este fenómeno, debe pertenecer a la misma naturaleza del hombre."[15]

Con lo antes mencionado, podemos deducir lo siguiente: No importa quién sea el hombre, cual sea su origen, u ocupación; todos por lo general experimentan el sentimiento de un ser superior. Si nosotros consideramos estos argumentos, podemos darnos cuenta de que el

---

[14] N. Geiser y R. Brooks, *Apologética*, (Colombia, Editorial Unilit, revisión 2003), 17-39.
[15] Louis Berkhof, *Teología Sistemática*, (Jenison, Michigan: T.E.L.L, 1988), 27-29.

hombre definitivamente ha recibido de parte de Dios la intuición de su existencia. Eso lo vemos reflejado en aquellas personas que viven aisladas de la sociedad, pero tienen ídolos y los adoran, enseñando de esa manera la necesidad que hay en el hombre de adorar algo. Bancroft le llama a esto *"el argumento de la creencia universal"*. Este consiste precisamente en que por todas las partes del mundo el hombre cree en un ser o seres superiores a los cuales le debe o tiene responsabilidad.[16]

Todo esto que hemos presentado arriba no puede ser otra cosa que la obra de Dios que promueve su existencia en el ser humano y se deja sentir de tal forma que aun la persona más ignorante o inteligente llega a la conclusión que hay un "Ser Superior" al cual hay que rendirle culto o que de alguna manera interviene en las situaciones humanas. A esto le llamamos, la afirmación natural de la existencia de Dios.

B. Prueba bíblica de la existencia de Dios

No solamente entendemos la existencia de Dios por los teólogos y estudiosos, sino que la fuente principal del conocimiento de Dios, que es la misma palabra de Dios. La Biblia ofrece una doble revelación de la existencia de Dios.

Primero, provee una revelación tanto en la naturaleza que nos rodea, como en la conciencia humana y el gobierno providencial de este mundo. La otra se encuentra incorporada en cada una de las páginas de nuestra Biblia. El primer texto de la Biblia dice lo siguiente: *"En el principio creo Dios, los cielos y la tierra"*. *(Génesis 1.1)* Está por demás decir que el primer texto bíblico no comienza presentando a Dios o mucho menos introduciéndolo como el autor intelectual de la Biblia. El primer texto habla de Dios reconociendo que existe y que no necesita probar nada referente a su existencia. No solamente existe, sino que, además, es el creador de todas las cosas. Veamos dos ejemplos clásicos referente a lo que estamos mencionando:

---

[16] Emery H. Bancroft. *Op. cit.*, 43-45.

De la primera revelación la Biblia dice lo siguiente: *"Los cielos cuentan la gloria de Dios y la expansión denuncia la obra de sus manos ..."* (Salmos 19: 1 y cf. Romanos 1.19-20)

De la segunda revelación la Biblia nos dice:

> *"Dios habiendo hablado muchas veces y de muchas maneras en otro tiempo a los padres por los profetas, en estos postreros días nos ha hablado por el hijo a quien constituyo heredero de todo y por quien asimismo hizo el universo ..."* (Hebreos 1.1-3)

La primera revelación revela la existencia de Dios a través de la naturaleza y la segunda revela la existencia de Dios a través de la Biblia.

II. La unicidad de Dios

Ahora bien, creer en Dios no es un problema para el que es cristiano y aun para todos aquellos que, aunque no sean cristianos, afirman la existencia de Dios. Sin embargo, hay una pregunta que mucha gente se hace y es ¿Cuántos dioses hay? Y esta interrogante ha tenido al mundo cristiano dividido desde hace mucho tiempo.

Algunos dicen que Dios es uno, otros dicen que no, y por eso, los cristianos no se ponen de acuerdo. Por lo tanto, debemos considerar lo que nos enseña la palabra de Dios al respecto.

Cuando se trata de hablar y enseñar sobre Dios, la Biblia es enfática en cuanto a la respuesta que tiene para esta interrogante. Santiago lo puso muy claro respecto a si Dios es uno, dos o tres. El escribió:

> *"Tú crees que Dios es uno; bien haces. También los demonios creen, y tiemblan." (Santiago 2.19).*

Es precisamente esta clase de textos que establecen lo que en el mundo cristiano se conoce como "La unicidad de Dios" pero que también ofrecen una respuesta concreta a lo que estamos diciendo. A continuación, ofreceremos un panorama más amplio sobre la unicidad de Dios.

A. definición

El diccionario de la real Academia de la lengua traduce "Unicidad" de la siguiente manera: (Del lat. *Unicĭtas, -ātis*). 1. F. Cualidad de único. El diccionario también afirma que esto se refiere a la unidad de Dios afirmando que Dios no se puede dividir.[17] Es interesante que el traductor hace énfasis en que "no se puede dividir". Por lo tanto, cuando nos referimos a Dios; la palabra Unicidad nos habla de cantidad y la palabra unidad, de integridad; entonces de Dios bien pudiéramos decir, sencillamente que Dios es Uno y que no se puede dividir.

El mensaje de la Unicidad de Dios es tan viejo como el mismo hombre. El historiador Josefo registra que Abraham fue el primero en declarar abiertamente en la tierra de los Caldeos, que Dios es uno. Debido a esto los caldeos se levantaron contra él y esa fue una de las motivaciones que tuvo Dios para sacarlo de allí.[18]

B. La Biblia enseña que hay solamente un Dios

Cuando estudiamos la Biblia referente al tema de la unicidad, descubrimos que esta doctrina es central al mensaje bíblico; pues tanto el Antiguo, como el Nuevo Testamento la enseñan clara y enfáticamente. A pesar de la sencillez de este mensaje y la claridad con la cual la Biblia lo presenta, todavía muchos que creen en la existencia de Dios no lo han comprendido y siguen divagando en si Dios es uno o más de uno. Por lo tanto, consideramos apropiado mencionar algunos textos tradicionales referente a lo estamos mencionando para poder aclarar esta interrogante.

---

[17] *Diccionario de la lengua española* - Vigésima segunda edición, http://www.rae.es. Consultado el 24 de Julio, 2019.
[18] Paul L Maier, *Josefo, Las Obras Esenciales* (Gran Rapids, MI: Portavoz, 1994) 24.

1. El Antiguo Testamento enseña que hay un solo Dios.

La expresión tradicional de la doctrina de un solo Dios se encuentra en Deuteronomio 6:4 y dice: *"Oye, Israel: Jehová nuestro Dios, Jehová uno es"*. Este versículo de la palabra de Dios ha venido a ser la declaración de fe más distintiva e importante para los judíos a través de los tiempos. Ellos lo llaman *"el Shemá"*, que es la primera palabra de la frase en el hebreo, y lo citan con frecuencia (por lo mínimo tres veces al día). En el Antiguo Testamento, muchos versículos de la Escritura afirman enfáticamente que Dios es UNO. Por ejemplo:

Los Diez Mandamientos empiezan con: *"No tendrás dioses ajenos delante de mí" (Éxodo 20:3);* y Deuteronomio 5:7. Dios enfatizó este mandamiento cuando declaró que Él es un Dios celoso (Éxodo 20:5). Los celos usualmente surgen cuando hay un tercero en una relación. Por lo tanto, Dios se pone celoso, cuando nosotros buscamos a otro dios.

En Deuteronomio 32:39, Dios dijo que no hay ningún otro dios con Él. Esto quiere decir, que no hay ningún dios extra que acompañe a nuestro Dios. Además, agrega la escritura, no hay otro como el Señor y no hay Dios fuera de Él, 2 Samuel 7.22; 1. Crónicas 17.20. Solamente Él es Dios, Salmo 86.10.

El profeta Isaías es uno de los máximos exponentes de la unicidad en el antiguo testamento ya que menciona varias declaraciones del mismo Dios acerca de que hay un solo Dios. He aquí algunas:

> *"…Antes de mí no fue formado dios, ni lo será después de mí. …" (Isaías 43.10-11).*

> *"Yo soy el primero, y yo soy el postrero, y fuera de mí no hay Dios." (Isaías 44.6).*

> *"No hay Dios sino yo. No hay Fuerte; no conozco ninguno." (Isaías 44.8).*

"...Yo Jehová, que lo hago todo, que extiendo solo los cielos, que extiendo la tierra por mí mismo." *(Isaías 44.24)* ...

Entre otros muchos más.

C. El Nuevo Testamento afirma que hay un solo Dios

Jesús enseñó sobre el texto de Deuteronomio 6:4, llamándolo "el primero de todos los mandamientos" (Marcos 12.29-30). Además, Jesús utilizó textos como este muchas veces; por lo tanto, observamos que el Nuevo Testamento continua la enseñanza del Antiguo Testamento de un solo Dios y repite explícitamente este mensaje varias veces, veamos:

"Porque Dios es uno, y él justificará." *(Romanos 3.30)*;

"No hay más que un Dios." *(I Corintios 8.4)*;

"Para nosotros, sin embargo, sólo hay un Dios, el Padre ..." *(I Corintios 8.6)*;

"Pero Dios es uno." *(Gálatas 3.20)*;

"Un Dios y Padre de todos." *(Efesios 4.6)*;

"Porque hay un solo Dios." *(I Timoteo 2.5)*. Santiago lo afirma.

"Tú crees que Dios es uno; bien haces. También los demonios creen, y tiemblan." *(Santiago 2.19)*

Concluimos pues, que Dios es Uno y toda la Biblia respalda este pensamiento, por lo tanto, no debemos aceptar la idea de un Dios dividido o de una divinidad pluralizada. Dios es y será "el único Dios verdadero".

III. La naturaleza de Dios

Cuando pensamos en Dios, a veces nos preguntamos, ¿Cómo será Dios? ¿Qué parecido tendrá físicamente? ¿Qué tan alto será? En fin, muchas preguntas sobre la deidad.

Entonces, automáticamente nos imaginamos a Dios como un ser semejante a nosotros, sin embargo, debemos saber que Dios es muy diferente al ser humano. Él es un ser espiritual, trascendente e inimaginable para nuestra mente humana, a quien muchas veces no lo podemos comprender ni entender. En este punto conoceremos un poco más de cerca a Dios y nos enfocaremos en dos áreas específicas a saber, su naturaleza y sus atributos.

A. *La naturaleza de Dios*

La naturaleza de Dios se refiere a las propiedades únicas de un ser o individuo, en este caso de Dios. Además, se refiere también a su compostura y la forma que está constituido interna y externamente.

Cuando nos referimos a Dios, hemos aprendido que, desde el principio de los tiempos, el hombre ha tratado y buscado la forma de proyectar o presentar a Dios por medio de imágenes, figuras, pinturas y descripciones literarias, pero siempre se ha quedado corto.

Bancroft nos dice que la naturaleza de Dios se revela mejor por sus atributos, y que los atributos de Dios son aquellas características esenciales, permanentes y distintivas que se pueden afirmar en cuanto a su ser.[19]

A continuación, presentamos una breve descripción de la naturaleza de nuestro gran Dios.

---

[19] Emery H. Bancroft. Op. cit., 47-48.

1. Dios es Espíritu

Quizás, una de las declaraciones más poderosas respecto a la naturaleza de Dios nos la da nuestro Señor Jesucristo. Jesús afirma que *Dios es Espíritu* (Juan 4.24) y que un Espíritu no tiene carne ni huesos (Lucas 24.39).

Partiendo de esta afirmación de Cristo, entonces debemos replantear nuestra mente para establecer que Dios ni se parece y mucho menos es como uno de nosotros los seres humanos. Dios es Espíritu, del *Gr. Pneuma*: Aire, soplo, lo que cambia todo en nuestra concepción de Dios y segundo, Él no tiene huesos como nosotros. En otras palabras, Dios no tiene un cuerpo como nosotros tenemos. Aunque la Biblia dice que Dios hizo al hombre a su imagen (Génesis 1.27), debemos aclarar que esta imagen no necesariamente es física.

Es importante explicar que en la exposición anterior no estuvimos hablando de la humanidad de Cristo, asunto que abordaremos más adelante, sino que nos referimos a la esencia de lo que Dios es realmente como un ser; es decir, sus características individuales solamente. Siendo que Dios es espíritu, él prohíbe que se haga imagen de él, o que se le compare con cualquier cosa.

En Deuteronomio 4: 15-20 Dios enfáticamente prohíbe la adoración de cualquier ser o cosa creada fuera de Dios o que el ser humano compare a Dios con alguna criatura de este mundo o del mundo espiritual. En el verso 15 le dice enfáticamente

> *"Guardad, pues, mucho vuestras almas; pues ninguna figura visteis el día que Jehová habló con vosotros de en medio del fuego".*

Adorar cualquier objeto, imagen o semejanza de algo divino fuera de Dios es considerado en la Biblia como idolatría. Muchas personas en su intento por saber cuál es la fisonomía de Dios buscan aquí y allá, pero nada de lo que busque el ser humano podrá satisfacer esa búsqueda ya que nadie ha visto jamás a Dios. Al menos, esas fueron las palabras de Juan.

"A Dios nadie le vio jamás; el unigénito Hijo, que está en el seno del Padre, él le ha dado a conocer". (Juan 1.18).

Obviamente, que esta afirmación se refiere precisamente a lo que venimos diciendo referente a la naturaleza de Dios.

B. Los atributos de Dios

El segundo asunto que tenemos que considerar respecto al conocimiento de Dios tiene que ver con sus atributos. Los teólogos reconocen que una de las mejores maneras de conocer a Dios, es por medio de sus atributos. Un atributo es: "Cada una de las cualidades o propiedades de un ser".[20] Cuando estudiamos sobre Dios, descubrimos que él tiene muchos atributos que solo le pertenecen a él y que nosotros como seres humanos no podemos alcanzar. Sin embargo, también podemos darnos cuenta de que hay ciertos atributos de los cuales él nos ha compartido.

1. Dios es Omnipotente

El primer atributo de Dios es la Omnipotencia. La palabra omnipotente significa "Todo poderoso". Esto quiere decir que Dios no tiene ninguna limitación, y no está sujeto a ninguna ley humana, además, significa que él todo lo puede. Nosotros estamos sujetos a la ley de la gravedad, pero Dios no; estamos sujetos a la ley de la velocidad, Dios no.

Dios no se cansa, ni se fatiga, ni se duerme, no tiene necesidad de caminar porque él puede trasladarse de un lado a otro sin problemas. Dios todo lo puede, (Génesis 35. 11). A veces no entendemos lo que significa la Omnipotencia de Dios porque nuestra mente está muy limitada, pero baste decir que Dios puede sacar agua de las piedras (Números 20.8) o hacerlas que hablen (Lucas 19.40); abrir el mar (Éxodo 14.16-22) o el

---

[20] *Real Academia Española:* http://lema.rae.es/drae/?val=Atributo. Consultado el 24 de Julio, 2019.

cielo (Lucas 3.21); en fin, cualquier cosa inimaginable, Dios lo puede hacer.

2. Dios es Omnipresente

La palabra Omnipresente significa que "Dios está presente en todo lugar". Está presente en todas partes a la misma vez, debido a que Dios es Espíritu. Dios es el único espíritu que es verdaderamente omnipresente; pues todos los otros seres espirituales como los demonios, los ángeles, y Satanás mismo, pueden ser confinados a cierto espacio (Marcos 5.10; Judas 1.6; Apocalipsis 20.1-3), pero Dios no.

A veces nosotros no podemos entender cómo es que Dios hace para estar en todas partes a la misma vez; pero esa es una de las características de nuestro Dios, de otra manera, no sería Dios. La omnipresencia de Dios hace que cuando un grupo de personas se reúne en la ciudad de Miami, por ejemplo, ellos puedan tener a Dios presente, pero a la misma hora, Dios puede estar con los hermanos que estén reunidos en Los Ángeles. Así ambos grupos experimentan la presencia maravillosa del Señor.

3. Dios es Omnisciente

El tercer atributo de Dios es la Omnisciencia. La palabra significa que Dios lo sabe todo. El Salmo 139.1-6 nos enseña que Dios conoce todo, incluso nuestros movimientos, pensamientos, caminos, maneras, y palabras. Job confesó:

> "Yo conozco que todo lo puedes, y que no hay pensamiento que se esconda de ti." (Job 42.2).

Dios tiene conocimiento completo de todo, incluyendo el conocimiento del futuro (Hechos 2.23). Es maravilloso el hecho de saber que no hay nada oculto delante de Dios que él no lo sepa. El salmista dijo:

> "Pues aún no está la palabra en mi lengua, Y he aquí, oh, Jehová, tú la sabes toda". (Salmos 139.4)

El Señor no solo conoce las palabras que vamos a hablar, sino que también lo que va a suceder en el futuro con nosotros.

4. Dios es Inmenso

Cuando pensamos en Dios, tenemos que imaginarnos que Dios es muy grande; no solo en obras y poder, sino en dimensión. Dios lo llena todo; él es grande y su presencia cubre toda la tierra. Dios mismo dijo:

> *"...el cielo es mi trono, y la tierra estrado de mis pies; ¿dónde está la casa que me habréis de edificar, y donde el lugar de mi reposo?" (Isaías 66.1)*

Aunque nadie ha visto a Dios jamás (Juan 1.18) como él es, en esencia, y aunque algunos pasajes bíblicos pueden ser interpretados como simbólicos, no obstante, en muchos textos bíblicos Dios habla de sí mismo como alguien que es muy grande en tamaño. Por ejemplo, en Isaías, Dios pregunta:

> *"¿Quién midió las aguas con el hueco de su mano y los cielos con su palmo, con tres dedos juntó el polvo de la tierra, y pesó los montes con balanza y con pesas los collados?" (Isaías 40.12).*

Entonces, Dios es muy grande, y aunque este texto se puede interpretar también como simbólico, para referirse a la grandeza de Dios, no por eso, Dios no es tan grande como para que no pueda medir las aguas en el hueco de su mano. Dios es muy grande.

5. Dios es Santo

Quizás una de las cosas más significativas que debemos considerar sobre los atributos de Dios, es su santidad. Él es extremadamente santo; habita en santidad y pureza y en él no se encuentra jamás el pecado o mucho menos, algún pensamiento de maldad. Sus caminos, son caminos de rectitud. Sus obras, nunca son mal intencionadas, pues en él no habita ninguna cosa mala. Es por lo que le ordenó a su pueblo que se santificara y viviera una vida santa, porque él es santo (Levítico 20.7).

6. Dios es justo

Otra de las características favorables para los seres humanos es la justicia de Dios. Dios es justo en todos sus caminos y siempre fallará a favor de lo recto, justo y verdadero (Deuteronomio 32.4). El que cree en Dios está confiado en que Dios juzga todas las cosas conforme a su equidad y su misericordia. Quizás esta sea una de las cosas más maravillosas que tiene Dios en relación con los seres humanos; y es que no importa que no nos hagan justicia los hombres; Dios siempre lo hará. Obviamente esto también tiene sus consecuencias, ya que para que esto se pueda llevar a cabo, tenemos que actuar conforme al derecho de Dios.

7. Dios es amor

Otro de los atributos de Dios más experimentados por los seres humanos, especialmente por los cristianos es el del amor. La Biblia dice que *Dios es amor* (1 Juan 4.8). Esta frase la hemos escuchado muchas veces en nuestras iglesias y seguramente la hemos abrazado muchas veces, especialmente cuando nos han rechazado, o nos han tratado mal. Dios nos ha amado de una manera tan especial que dio a su hijo unigénito para que muriera por nosotros en la cruz del calvario (Juan 3.16).

C. Otras características de Dios

Otras características o atributos que Dios posee son la *Individualidad*, la *personalidad*, y la *racionalidad*. Es decir, Dios es un ser inteligente con una voluntad (Romanos 9.19) y habilidad de razonar (Isaías 1:18). El posee una mente inteligente (Romanos 11.33-34). El hecho de que el hombre es un ser emocional indica que Dios tiene emociones, pues Dios creó al hombre a su imagen (Génesis 1.27).

Conclusión

Como hemos visto en este capítulo. conocer a Dios es lo más extraordinario que le puede suceder al ser humano. Por medio de lo que se ha presentado podemos tener una idea más amplia acerca del Dios al cual servimos y por lo tanto poder acercarnos a él de una manera distinta a lo que podemos estar acostumbrados. Por lo tanto, espero que este capítulo nos ayude a amar a ese Dios tan grande y amoroso.

Capítulo 4

Las manifestaciones de Dios

≈

*"E indiscutiblemente, grande es el misterio de la piedad: Dios
fue manifestado en carne, Justificado en el Espíritu,
Visto de los ángeles, Predicado a los gentiles,
Creído en el mundo, Recibido arriba en gloria."*

(1 TIMOTEO 3.16)

Introducción

En el capítulo anterior mencionamos que Dios es espíritu y que un
espíritu no tiene carne ni huesos. Entonces, si Dios es espíritu, ¿Cómo
podemos conocerlo? Pero peor aún, ¿Cómo podemos tocarlo o verlo?
Es precisamente en esta área donde necesitamos conocer acerca de las
manifestaciones de Dios. Dios se ha revelado a los hombres a través
del tiempo y por diferentes medios. A esta clase de revelaciones se les
llama: "Las manifestaciones de Dios". En este capítulo abordaremos las
diferentes formas por medio de las cuales Dios se ha dado a conocer a los
seres humanos y por medio de las cuales nosotros podemos conocerlo
mejor.

I. Definición

De acuerdo con el Diccionario Vine, la palabra *manifestación* viene
del griego *anadeixis*, que quiere decir: "mostrar públicamente" y de
Fanerosis, (gr. *Faneroo*) que quiere decir: "hacer visible, claro, manifiesto,

conocido".[21] Por lo tanto, definimos que una manifestación de Dios es aquella que Dios utiliza para darse a conocer o para mostrarse a los seres humanos. En otras palabras, Dios se ha dado a conocer por medio de diversas formas. Es importante mencionar, que, si no fuera por estas revelaciones, el ser humano nunca hubiera conocido nada de Dios. Estas manifestaciones o maneras de mostrase de Dios a los seres humanos son varias y las consideraremos a continuación.

II. Las teofanías

Una de las maneras en las cuales Dios se reveló en el Antiguo Testamento y trató con el ser humano al nivel de un hombre era por medio del uso de teofanías. De hecho, las teofanías fueron la clase de manifestaciones más importantes que tenemos en el Antiguo Testamento. Gracias a las mismas es que podemos conocer a profundidad mucho de lo que hoy sabemos respecto a nuestro gran Dios y Salvador.

El Obispo David K. Bernard, un profesor pentecostal nos habla referente a las teofanías y afirma:

> "Una teofanía es una manifestación visible de Dios, y normalmente la consideramos como algo temporal".[22]

Por lo tanto, siendo que Dios es invisible al hombre, (pues es espíritu) y para hacerse visible, Él entonces se manifiesta en alguna forma física, lo que hace posible para el ser humano, poder mirarlo, oírlo y hasta tocarlo.

Las manifestaciones de Dios han sido muy comunes a través del tiempo ya que Dios siempre ha querido estar en contacto con su creación. En la historia bíblica hubo varios hombres de Dios que tuvieron el privilegio de ver de una forma clara a Dios, el cual se les manifestó de distintas maneras.

---

[21] *Enciclopedia Electrónica Ilumina, Vine Diccionario Expositivo* (Orlando FL Caribe-Betania, 2005).
[22] David K. Bernard, *La unicidad de Dios*, Teología Pentecostal Vol. 1, 1993.

A. Abraham.

Uno de los que tuvo muchos encuentros y visiones con Dios fue el patriarca Abraham. Por medio de las escrituras nos damos cuenta de que Dios se le apareció a este gran hombre en una visión y estuvo hablando con él, referente a los planes que tenía para él.

El Señor también descendió de una forma visible, cuando este hombre de Dios había preparado un altar y había puesto animales partidos a la mitad en sacrificio. Dios se presentó como en un horno humeando y una antorcha de fuego y pasó por los animales divididos que Abraham había preparado (Génesis 15). Pero también se le apareció como un hombre y dos ángeles que le acompañaban mientras estaba Abraham en el encinar de Mambre y estuvo hablando con él y aun comiendo. (Génesis 18). Si podemos apreciar en este ejemplo, Dios utilizó el fuego para mostrarse a Abraham, pero después se le apareció utilizando la forma de un ser humano.

B. Jacob.

Otro personaje que tuvo el gran privilegio de ver *cara a cara* a Dios fue el patriarca Jacob. Dios se le apareció a Jacob en un sueño y le habló acerca de las promesas hechas a Abraham y como esas promesas las debería cumplir en él. Además, en otra ocasión se le apareció como un hombre también al igual que a Abraham (Génesis 28.12-16; 32.24-32). En esta última ocasión, Jacob luchó con el hombre y proclamó, *"Vi a Dios cara a cara."* La Biblia también describe a esta apariencia de Dios como, "el ángel" (Oseas 12.4). Por lo tanto, Dios se le mostró a Jacob *cara a cara* y tuvo la oportunidad de poder luchar con él para que lo bendijera. Debemos aclarar que si Jacob luchó con el ángel (Dios) por una bendición, es porque obviamente Dios se dejó tocar por Jacob y no porque Dios sea débil.

C. Moisés.

Otro de los personajes bíblicos que en verdad tuvo una gran cantidad de experiencias con Dios y en las cuales Dios se le presento de todas las formas fue el gran legislador Moisés. En la primera ocasión de la gran lista de veces, Dios se le apareció a Moisés en una zarza ardiendo, la cual no se consumía y desde allí Dios lo llamó para que liberara a su pueblo de Egipto. Es decir, Dios estaba en la llama de fuego y desde allí le habló. Después se le apareció en una nube de gloria y en forma de fuego en el Monte Sinaí y habló con él cara a cara en el Tabernáculo.

En otra ocasión le mostró sus espaldas, pero no le miró su rostro, (Éxodo 3.1-10; 24.12-18; 33.9-11; 33.18-23). Moisés tuvo grandes experiencias con Dios, pero sin lugar a duda la más impresionante de todas fue cuando estuvo en el monte cuarenta días y cuarenta noches y al descender su rostro estaba resplandeciente a tal grado que tuvo que cubrirse el rostro con un velo para poder hablar con el pueblo (Éxodo 34:27-35).

D. Varios de los profetas tuvieron visiones de Dios.

Otros grandes hombres de Dios tuvieron sus experiencias con el Altísimo, pero debido al espacio no los mencionaremos, aunque si mencionaremos a algunos de ellos de pasada. Isaías vio a Dios en su trono, oyó su voz y Dios le encomendó un trabajo, (Isaías 6).

A Ezequiel Dios le mostró una visión referente a su gloria y en la misma vio los seres vivientes que están alrededor del trono y en el trono a uno sentado con semejanza a un hijo de hombre (Ezequiel 1). Después se le apareció en la forma de un hombre, envuelto en fuego, (8.1-4). A Daniel se le apareció en una visión nocturna como el *Anciano de Días*, (Daniel 7. 2-9). Los amigos de Daniel en el horno de fuego, al ser arrojados recibieron la visita de un cuarto hombre semejante a un dios según Nabucodonosor (Daniel 3). Muchos otros más miraron a Dios en diferentes ocasiones y de diferentes formas, enseñándonos Dios por medio de estas experiencias su gran deseo de comunicarse con los humanos y dejarles saber su gran interés por ellos.

III. La triple manifestación de Dios

Aunque Dios se ha manifestado a los seres humanos de muchas maneras, como decíamos arriba; una de las más importantes en la Biblia es la triple manifestación de Dios. No obstante, también, esta forma de revelación es una de las más difíciles de entender para muchos cristianos ya que muchas veces confunden la interacción de Dios en cuanto al Padre, al Hijo y al Espíritu Santo.

El problema principal radica en asumir que Dios es tres personas distintas y un solo Dios verdadero. Este enunciado va en contra de la palabra de Dios, ya que categóricamente la Biblia enseña que Dios es UNO (Deuteronomio 6.4) y además debemos aclarar que, aunque Dios es un Dios personal, la palabra *persona* no es aplicable a Dios, pues como vimos anteriormente, Dios es Espíritu.

La Iglesia de Jesucristo tradicionalmente cree que Dios es uno tanto numéricamente como integralmente, por lo tanto, se entiende que Dios se ha manifestado en la historia de tres formas distintas:

- Como Padre en la creación,
- Como Hijo en la redención,
- Como Espíritu Santo en la vida de los creyentes.

Aunque esto lo explicaré más adelante, conviene decir que no son tres personas distintas y mucho menos tres dioses diferen-tes, sino uno y el mismo Dios que se ha manifestado de tres formas diferentes. Partiendo de este enunciado y entendiéndolo, será mucho más fácil explicar varios textos en los cuales aparecen las tres manifestaciones interactuando entre sí. Uno de los textos más reveladores del Nuevo Testamento lo encontramos en la carta de Pablo a Timoteo cuando le dice:

> *"E indiscutiblemente, grande es el misterio de la piedad: Dios fue manifestado en carne, Justificado en el Espíritu, Visto de los ángeles, Predicado a los gentiles, Creído en el mundo, Recibido arriba en gloria." (1 Timoteo 3.16)*

Pablo dice categóricamente que Dios se manifestó en carne en la persona de Jesucristo; ya que esa era la única manera de poder venir a este mundo y rescatarlo. Mas adelante estudiare-mos en qué consiste esto, pero baste por ahora decir que Dios se ha manifestado como Padre en la creación, como hijo en la redención y como espíritu santo en la consolación de los creyentes.

IV. El nombre de Dios

Otro de los problemas o confusiones teológicas que hay en el cristianismo, tiene que ver con el **nombre** de Dios. La pregunta es sencilla, ¿Cuál es el nombre de Dios?

Esta pregunta se puede contestar de muchas maneras, sin embargo, depende a quién lo pregunte. Para algunos el nombre de Dios puede ser Jehová, para otros Jesucristo o cualquier otro, sin embargo, en la Biblia Dios tiene un nombre (Éxodo 6.2-3) y ese es el que nos interesa conocer.

Debemos mencionar que Dios no solo se reveló de muchas maneras, sino que también reveló su nombre.

A. *La importancia de los nombres en la Biblia*

Antes de continuar adelante, conviene que hablemos sobre la importancia que tienen los nombres en la Biblia. El uso de nombres en tiempos bíblicos, especialmente en el Antiguo Testamento, conllevaba un mayor significado que el que tienen hoy.

De acuerdo con David Bernard, las personas frecuentemente usaban nombres para revelar algo del carácter, historia o naturaleza del individuo.[23] Por Ejemplo, Abraham significa, Padres de multitudes; Jacob, Suplantador: Pedro, piedra, etc. De la misma manera, cuando estudiamos el nombre o los nombres que Dios ha utilizado para sí, estos tienen un significado especial.

---

[23] David K. Bernard, *La Unicidad de Dios, Teología Pentecostal* Vol. 1, 1993.

B. La revelación del nombre de Dios

Dios ha utilizado diferentes métodos para revelarse a la humanidad. En uno de esos métodos, Él usó diferentes nombres o títulos con los que se identifica a sí mismo. Conocer el nombre de Dios es conocerlo a Él mismo. Es así como el nombre de Dios representaba su presencia, la revelación de su carácter y la revelación de su poder. Además de lo mencionado podemos observar tres asuntos importantes al estudiar el nombre de Dios.

El nombre de Dios es uno de los eslabones para identificar a Jesús con Dios. Es precisamente por medio del nombre que Dios utilizó en ciertas ocasiones que podemos conectarlo con Jesucristo. Uno de ellos, es Emanuel (Mateo 1.23) y este fue dado a Jesús y significa *"Dios con nosotros"*.

El nombre de Dios siempre ha sido un enigma para muchas personas y este otro de los asuntos a considerar, ya que el nombre de Dios estuvo siempre oculto de los hombres y la pregunta es ¿Por qué?

El nombre de Dios siempre fue una interrogante que tenían los antiguos desde muy temprano en la Biblia.

C. El misterio del nombre de Dios

En la Biblia encontramos a individuos que indagaron y aun le preguntaron a Dios por su nombre, sin embargo, Dios no les dio la respuesta o al menos no tuvieron una clara respuesta a su interrogante. Veamos algunos ejemplos.

1. Jacob le preguntó a Dios por su nombre cuando luchaba por su bendición en Peniel. El texto dice: *"Entonces Jacob le preguntó, y dijo: Declárame ahora tu nombre ..." (Génesis 32.29).* Sin embargo, Dios no se lo dijo, sino por lo contrario, le pregunta ¿Por qué me preguntas por mi nombre?

2. Moisés es otro que le pregunta a Dios por su nombre cuando es llamado para sacar a Israel de Egipto. Moisés le dice a Dios:

> *"...He aquí que llego yo a los hijos de Israel, y les digo: El Dios de vuestros padres me ha enviado a vosotros. Si ellos me preguntaren: ¿Cuál es su nombre?, ¿qué les responderé?" (Éxodo 3.13)*

Esta es una pregunta directa a Dios y además muy importante, ya que Dios lo está enviando como su representante a Egipto para sacar a Israel de la esclavitud. Por lo tanto, era normal que sepa quien lo está enviando. ¿Cuál fue la respuesta de Dios a Moisés? El verso 14 contiene la contestación de Dios a la pregunta de Moisés: "

> *Y respondió Dios a Moisés: YO SOY EL QUE SOY. Y dijo: Así dirás a los hijos de Israel: YO SOY me envió a vosotros." (Éxodo 3.14)*

Si nos damos cuenta en este relato la discusión tiene que ver con el nombre del que está enviando a Moisés. Esta es la oportunidad más clara que tiene Dios para revelar su nombre y sin embargo Dios no dice que su nombre es tal, sino más bien, "Yo Soy el que Soy". En otras palabras, Dios no le contesta a Moisés la pregunta. Luego vuelve a decirle Dios a Moisés más adelante cuando ya está en Egipto hablando con el pueblo de Israel:

> *"...Yo soy JEHOVÁ. Y aparecí a Abraham, a Isaac y a Jacob como Dios Omnipotente, más en mi nombre JEHOVÁ no me di a conocer a ellos." (Éxodo 6.2-3)*

En este texto podemos observar que Dios utiliza la frase "Yo soy Jehová" y "En mi nombre Jehová no me di a conocer a ellos" y nos debemos preguntar, ¿Qué es lo que realmente está diciendo Dios con estas palabras? Aquí se menciona por primera vez de parte de Dios el nombre de Jehová, (aunque trataremos este punto más adelante) sin embargo, parece ser que eso no es suficiente, porque todavía se sigue preguntando por el nombre de Dios como veremos más adelante.

3. Manoa también pregunta por el nombre de Dios cuando Dios se le aparece para darle la buena noticia de que su esposa va a tener un hijo, el cual va a ser Sansón.

> *"... Manoa le pregunta a Dios; ¿Cuál es tu nombre, para que cuando se cumpla tu palabra te honremos?" (Jueces 13.17).*

Manoa se atrevió y le preguntó a Dios, pero Dios solo le contesta lo siguiente:

> *"... ¿Por qué preguntas por mi nombre, que es admirable?" (Jueces 13. 18)*

Entonces, este hombre tampoco obtuvo respuesta del Señor referente al nombre de Dios.

4. Después de lo visto anteriormente tenemos una reveladora pregunta del profeta Agur. ¿Cuál es su nombre, y el nombre de su hijo, si sabes? (Proverbios 30. 4). Este profeta pregunta por el nombre de Dios y el nombre de su hijo. Sin embargo, no hay respuesta tampoco para él.

5. La contestación de Dios. Reconociendo que su pueblo está preguntando por su nombre entonces Dios dice por medio del profeta Isaías:

> *"Por tanto, mi pueblo sabrá mi nombre por esta causa en aquel día; porque yo mismo que hablo, he aquí estaré presente." (Isaías 52.6).*

Este texto es muy revelador ya que enseña que Dios mismo vendrá a la tierra a revelar su nombre.

Cuando Jesús vino a la tierra él dijo que había venido precisamente a revelar el nombre del Padre.

> *"Y les he dado a conocer tu nombre, y lo daré a conocer aún, para que el amor con que me has amado esté en ellos, y yo en ellos." (Juan 17.26)*

Pero, la pregunta del principio de este capítulo sigue en pie, ¿Cuál es el nombre de Dios?

D. Los nombres y títulos de Dios en la Biblia

Antes de continuar adelante conviene que hablemos un poco sobre los nombres que Dios se ha dado a través de la historia bíblica y de allí sacaremos nuestras conclusiones.

Cuando repasamos la historia bíblica, podemos encontrar que Dios se ha *autonombrado* con algunos nombres y *títulos* que reflejan su carácter y su personalidad. Por otro lado, vale la pena mencionar que la revelación de su nombre ha sido progresiva y no inmediata, es decir, Dios poco a poco fue manifestando su nombre. Entre los más usados en la escritura tenemos los siguientes:

1. *Elohim.* (Gn. 1: 1) Este nombre aparece tan temprano como en el inicio de las cosas. Se traduce comúnmente como "dioses"; pero su significado en hebreo es, "un plural de majestad que manifiesta sus virtudes" y no refiere a muchos dioses.

2. *El-Elyon.* Significa: el más alto o el altísimo. Génesis 14: 18

3. *Adonai.* Significa Señor. Génesis 15: 2-8. Este ha sido usado una multitud de veces en las escrituras.

4. *El-Shaday.* Significa: El Dios Todopoderoso. Génesis 17: 1

5. *El-Olam.* Significa: Dios eterno o eternal. Génesis 21: 33

6. *Jehová.* Significa: "El que existe por sí mismo". Este es el Nombre más usado en el Antiguo Testamento, y el que los judíos adoptaron como nombre oficial de Dios. Jehová viene del texto hebreo: **YHVH** y se encuentra en Éxodo 3: 14.

Es importante que mencionemos que de este pasaje Bíblico surge el famoso *Tetragramaton*: (**YHVH**). Al cual se le agregaron las vocales del Nombre *Adonai*, (YeHoVaH) para poder leerlo, debido a que el vocabulario hebreo carece de vocales. Un grupo de religiosos llamados los masoretas inventaron un sistema de vocales allá por el siglo IX d. de J. el cual nos permitió poder leerlo mejor. De allí salió el nombre de *Jehová*.

Todos estos nombres fueron utilizados para referirse a Dios, sin embargo, ninguno de ellos es un nombre propio, ya que todos son significativos o querían decir algo. No fue hasta que Cristo vino a la tierra que trajo la revelación verdadera del nombre de Dios como miraremos en el siguiente capítulo.

Conclusión

Concluimos enfatizado que Dios en su grande misericordia se ha manifestado a nosotros los seres humanos de muchas formas y maneras, siendo su manifestación en carne la más grande de todas. Es por medio de sus manifestaciones que podemos conocerlo y experimentar de su amor y misericordia; pero también es gracias a las mismas que podemos entender muchas de las cosas que han estado escondidas desde la creación del mundo, especialmente aquellas que se relacionan con Jesucristo.

Además, podemos aprender de las manifestaciones de Dios como él se relaciona con los seres humanos y como es que nosotros podemos entender un poco sobre su manera de ser y actuar.

Capítulo 5

Jesucristo

≈

*"Viniendo Jesús a la región de Cesarea de Filipo, preguntó
a sus discípulos, diciendo: ¿Quién dicen los hombres
que es el Hijo del Hombre?"*

(Mateo 16.13)

Introducción

Para los cristianos, el tema de Jesucristo es uno de los más apasionantes y, por ende, uno de los más discutidos, tratados y escritos por la mayoría de nuestros pastores y escritores. Ahora bien, es importante enfatizar que este tratado no agota todos los recursos que tienen que ver con la Cristología, más bien se reduce a una breve descripción de lo que significa Jesucristo para todos los que hemos decidido seguirle. En este capítulo abordaremos asuntos relacionados con la identidad de Jesucristo, su naturaleza y su deidad. Trataremos, además, su humanidad y la relación que tiene con la divinidad en sí.

I. ¿Quién es Jesús?

Debemos comenzar este capítulo enfocándonos en la pregunta más importante de todos los tiempos y que ha tenido en jaque a la gran mayoría de los cristianos. *¿Quién es Jesús?* Esta es una interrogante que mucha gente se ha hecho y Jesús mismo se lo preguntó a sus discípulos, cuando les dijo: *"¿Quién dicen los hombres que es el Hijo del Hombre?"*

(Mateo 16.13) Esta pregunta resalta el hecho de que a Jesús le interesaba saber qué pensaban sus discípulos acerca de él. Esta misma pregunta se la siguen haciendo muchos todavía y no la pueden contestar y esta tiene que ver precisamente con la identidad de Jesucristo. El Dr. Fortino en una exposición de Cristología menciona que los problemas que existen en el cristianismo referente a lo que estamos hablando, tienen que ver en su mayoría con la identidad de Jesucristo.[24]

Para muchas personas, Jesús fue un profeta o un maestro, al menos, eso contestaron los discípulos:

> *"Ellos dijeron: Unos, Juan el Bautista; otros, Elías; y otros, Jeremías, o alguno de los profetas." (Mateo 16.14)*

Y para vosotros ¿Quién es Jesús?

Es interesante que hoy todavía mucha gente sigue haciéndose la misma pregunta de aquellos tiempos, pues todavía no saben quién es Jesús. Para resolver esta pregunta debemos considerar algunos textos bíblicos en los cuales se presenta a Jesucristo en diferentes dimensiones.

A. Jesús es el Mesías o Cristo, el Hijo de Dios.

Una de las primeras declaraciones de Jesús sobre su persona e identidad es la afirmación que hace el apóstol Pedro en su respuesta a la pregunta de Jesús. Analicemos la palabra por un momento. Jesús estando con sus discípulos les pregunta ¿Quién dicen ustedes que soy Yo?, y Pedro le contesta:

> *"Tú eres el Cristo, el hijo del Dios viviente"* Y Jesús confirma esa afirmación, diciendo: *"Bienaventurado eres, Simón, hijo de Jonás, porque no te lo reveló carne ni sangre, sino mi Padre que está en los cielos." (Mateo 16.16-17)*

---

[24] J. Fortino, *Cristología*. Colegio Bíblico de la Florida (Miami, FL junio 13, 2009) 3-4.

Y aquí comienza la primera revelación de Dios sobre Cristo. De acuerdo con este texto, Jesús es el Cristo, el hijo del Dios viviente. Ahora bien; "El Cristo" en griego o "Mesías" en hebreo, (ambos se traducen "el ungido") era precisamente a quien los judíos estaban esperando. Esto lo vemos bien marcado en el encuentro de Jesús con los primeros discípulos. Veamos algunos incidentes en los cuales se da una revelación referente a la identidad de Cristo como Mesías.

El primer incidente lo vemos, cuando Andrés le testifica a Pedro referente a Jesús y le dice: " ...Hemos hallado al Mesías (que traducido es, el Cristo)." (Juan 1.41) En este pasaje claramente se deja ver no solo lo que estamos diciendo, sino que también la traducción del hebreo al griego. Mesías-Cristo es el mismo título dado a Jesús por estos primeros discípulos. Jesús es el ungido de Dios que había de venir a este mundo.

En el mismo capítulo 1 de Juan versos 43-49 sucede otro incidente cuando Jesús halla a Felipe y le pide que lo siga. Este mismo Felipe halla a Natanael y le dice casi las mismas palabras mencionadas por Andrés a Pedro

> "...Hemos hallado a aquél de quien escribió Moisés en la ley, así como los profetas: a Jesús, el hijo de José, de Nazaret." (Juan 1: 45)

Notemos aquí la revelación de sus palabras. Habían hallado a aquel de quien Moisés y los profetas habían escrito, pero no solamente eso, sino que ya lo habían identificado: era Jesús el hijo de José, el carpintero.

Otro incidente se lleva a cabo en el mismo capítulo 1 de Juan versos 47-49. Este se da cuando Felipe trae a Natanael delante de Jesús y el Maestro lo halaga por ser un verdadero Israelita en el cual no hay engaño; a lo que sorprendido Natanael le pregunta ¿de dónde me conoces? En el mismo texto Jesús le revela que antes que Felipe lo llamara, ya Jesús lo había visto debajo de una higuera. Esta palabra fue muy fuerte para Natanael, ya que pudo ver que Jesús, (aunque no estaba presente cuando Felipe lo llamó), ya lo había visto debajo de la higuera. Por eso culmina el incidente con la siguiente exclamación por parte de Natanael:

"...""Rabí, tú eres el Hijo de Dios; tú eres el Rey de Israel."
(Juan 1.49)

Notemos aquí que aquel verdadero Israelita en quien no hay engaño exclama dos palabras con inclusión profética: *"Tu eres el hijo de Dios"*, *"Tu eres el Rey de Israel"*. Estos dos términos los analizaremos más adelante, pero baste por ahora decir que El Mesías-Cristo es precisamente el Rey de Israel.

Por último, la Biblia registra otro acontecimiento revelador y este se manifiesta en otro contexto; es decir, en la conversación de Jesús con la mujer samaritana, (Juan 4: 5-42).

Jesús entra en un intercambio de palabras con esta mujer al pedirle agua para beber y sobre la verdadera adoración la cual debe ser dada según Jesús, en espíritu y en verdad. Esta conversación ocasiona, que aquella mujer manifestara lo que los israelitas sabían muy bien, referente a la venida del Mesías a este mundo.

"...Sé que ha de venir el Mesías, llamado el Cristo;
cuando él venga nos declarará todas las cosas. (Juan 4.25)

Podemos apreciar que la mujer menciona dos cosas importantes; Estaban esperando que viniera el Mesías o Cristo y él tendría todas las respuestas. Entonces, Jesús le dijo:

"Yo soy, el que habla contigo". (Juan 4. 26)

Aquí Jesús abiertamente se declara el Cristo o el Ungido de Dios que había de venir al mundo. El ungido de Dios era aquella manifestación de Dios en carne por medio de la cual Dios liberaría a su pueblo del pecado.

B. Jesús es el Dios encarnado.

Otro de los puntos que hay que considerar es que Jesús es el Dios encarnado; es decir, el Dios que se hace humano. Debemos enfatizar que la base de las manifestaciones de Dios es el deseo de Dios de darse a conocer a los seres humanos y como Dios es espíritu, entonces la única manera que Dios ha establecido para que lo conozcamos es por medio de sus manifestaciones, siendo una de ellas la encarnación.

Para explicar este punto tan importante veamos dos textos del profeta Isaías que tienen una relación directa con Jesucristo y nos hablan referente a la encarnación. En el primero, Dios dice por medio del profeta:

> *"...he aquí que la virgen concebirá y dará a luz un hijo, y llamará su nombre Emanuel." (Isaías 7.14)*

En este texto se habla sobre la señal que Dios le está dando a la casa de David y en la misma señala que la virgen concebirá (algo imposible para los humanos) y dará a luz un hijo. Además, aclara que el ser que nacerá de ella será llamado "Emanuel" que significa: "Dios con nosotros" de acuerdo con Mateo 1.23.

Podemos observar que en este texto hay una clara referencia a Jesucristo, por dos razones: la primera, porque María ha sido la única virgen que ha concebido sin haber estado con un varón (Para ver todo sobre este milagro, ver Lucas 1. 26-38) en toda la historia de la humanidad. Segundo, porque esto hace referencia a la divinidad de Jesús la cual veremos más adelante.

Un segundo texto que es mencionado por el profeta Isaías y también tiene relación directa con Jesús. Es el siguiente:

> *"Porque un niño nos es nacido, hijo nos es dado, y el principado sobre su hombro; y se llamará su nombre Admirable, consejero, Dios Fuerte, Padre Eterno, Príncipe de Paz." (Isaías 9.6)*

En este pasaje claramente se observa las implicaciones teológicas que contiene la profecía. El niño que ha de nacer contiene una carga divina muy poderosa; tendrá sobre su hombro la deidad completa; a saber, "El

Admirable" que no le quiso dar su nombre a Manoa (Jueces 13.18), El Consejero, El Dios Fuerte, El Padre Eterno y El Príncipe de Paz. Todas con implicaciones divinas. Estos dos textos del profeta Isaías nos dan la luz para entender el carácter del niño que nacería de acuerdo con la profecía y por consiguiente sería el Mesías esperado por Israel.

El otro asunto para considerar referente al Dios encarnado tiene que ver con el cumplimiento de las profecías mencionadas por Isaías y lo encontramos en el evangelio de Mateo cuando el ángel del Señor se le aparece a José para persuadirlo de que no deje a María su prometida ya que lo que hay en su vientre es obra del Espíritu Santo. El ángel da detalles concisos referente no solo al cumplimiento de la profecía sino sobre la identidad y el nombre del Mesías.

> *"Y dará a luz un hijo, y llamarás su nombre JESÚS, porque él salvará a su pueblo de sus pecados. Todo esto aconteció para que se cumpliese lo dicho por el Señor por medio del profeta, cuando dijo: He aquí, una virgen concebirá y dará a luz un hijo, Y llamarás su nombre Emanuel, que traducido es: Dios con nosotros." (Mateo 1.21-23)*

Podemos observar que lo que había profetizado Isaías ahora tiene su cumplimiento y es ratificado por el ángel del Señor para que no quede duda de lo que había dicho el profeta sobre Jesús. Este es el Mesías y su nombre es sustituido de Emanuel por Jesús en una clara alusión de que ese Ser era verdaderamente el Dios que se haría carne.

En otro pasaje paralelo a este, pero dado por Lucas se observa la misma línea de pensamiento referente a los detalles de la identidad y el papel de aquel niño que había nacido.

> *"Que os ha nacido hoy, en la ciudad de David, un Salvador, que es CRISTO el Señor." (Lucas 2.11)*

Jesús es presentado por el ángel como un salvador, quien, además, es el Cristo o el Mesías.

Por lo tanto, concluimos que nuestro Señor Jesucristo era el Mesías esperado por Israel y el Dios encarnado que había de venir a este mundo a salvar a los pecadores.

Siendo que Dios no puede morir porque es Dios, él se hizo humano en Jesús para poder realizar el milagro de la salvación por medio de su muerte en la cruz del calvario.

II. La naturaleza de Jesucristo

Uno de los dilemas referente a la identidad de Jesús es sobre su naturaleza. ¿Es Jesús Dios? ¿Es humano? O ¿De qué está constituido?

Estas han sido las preguntas más difíciles de contestar y además las que han creado muchas divisiones entre los cristianos. Para poder entender mejor este asunto debemos considerar algunas cosas que nos hablan referente a la naturaleza de Jesucristo.

A. Hay que recibir revelación de parte de Dios.

La primera cosa que un cristiano debe reconocer es que necesita revelación divina para entender la naturaleza de Dios. En este caso, dicha revelación de Dios tiene que interpretarse como aquella luz de entendimiento para poder comprender lo que el texto nos está diciendo. Por ejemplo, veamos las palabras de Jesús referente a esto que estamos diciendo:

> "En aquella misma hora Jesús se regocijó en el Espíritu, y dijo: Yo te alabo, oh, Padre, Señor del cielo y de la tierra, porque escondiste estas cosas de los sabios y entendidos, y las has revelado a los niños. Sí, Padre, porque así te agradó. Todas las cosas me fueron entregadas por mi Padre; y nadie conoce quién es el Hijo sino el Padre; ni quién es el Padre, sino el Hijo, y aquel a quien el Hijo lo quiera revelar." (Lucas 10.21-22).

En este texto nuestro Señor claramente nos da a entender que una persona puede ser muy sabia e inteligente, sin embargo, si Dios no le revela sus misterios no los podrá entender. Es curioso, pero para poder conocer y entender quién es Jesús, hace falta la revelación de Dios.

Muchas veces batallamos para que alguien comprenda y entienda esto, pero lo que hace falta es la revelación de Dios a la persona. Eso fue exactamente lo que Pedro recibió en aquella ocasión cuando Cristo les preguntó a sus discípulos sobre quien era él y Pedro le contestó:

> *"Tú eres el Cristo, el Hijo del Dios viviente."* *(Mateo 16.16)*

El apóstol contestó esta pregunta sin titubear, mientras que los otros compañeros daban otras respuestas. Por esa causa Jesús le dijo lo siguiente:

> *"...Bienaventurado eres, Simón, hijo de Jonás, porque no te lo reveló carne ni sangre, sino mi Padre que está en los cielos".* *(Mateo 16.17)*

Por lo tanto, se necesita la revelación de Dios para entender quién es Jesús, ya que no importa que tan estudiado o preparado esté uno, sin la revelación de Dios, uno nunca podrá entender esta gran verdad de la palabra de Dios.

Para reforzar esta manera de pensar debemos observar al resto de los discípulos del Señor, pero más específicamente Felipe y Tomás. En Juan 14 los vemos a los dos patinando con la identidad de Jesús. En el verso 5, Tomás aflora no saber ni a donde va Jesús y mucho menos sabe el camino. En el verso 8, Felipe le pide a Jesús que les muestre al Padre y ya. A este último, Jesús le reprocha por no conocerlo después de tanto tiempo de andar juntos (Juan 14. 9-10). Por lo tanto, podemos entender que si estos que caminaban con Jesús de manera cercana no lo conocían cuanto más una persona dos mil y tantos años después. Esa es la razón por lo que es necesaria la revelación de Dios para conocer a Jesús.

B. *Hay que entender la doble naturaleza de Jesús*

La segunda cosa que hay que tomar en consideración a la hora de buscar la respuesta sobre quien es Jesús, tiene que ver con "La doble naturaleza de Jesús" Es decir, en Jesús existían dos naturalezas: una era divina y la otra era humana.

Cuando hablamos de dos naturalezas, queremos decir que Jesús era un ser humano en toda la extensión de la palabra, pero también era Divino a la misma vez. Este asunto de la doble naturaleza lo explicaremos un poco más adelante, pero baste ahora entender que nuestro Señor Jesucristo era hombre, pero también era Dios al mismo tiempo. El profeta Isaías profetizó sobre esto cuando se refirió al carácter del nombre de Cristo cuando dijo:

> "...*y se llamará su nombre Admirable, Consejero, Dios Fuerte, Padre Eterno, Príncipe de Paz." (Isaías 9.6)*

Jesús es entonces, el Dios hecho hombre y en el cual habitaba corporalmente toda la plenitud de la Deidad, (Col. 2.9).

Ahora bien, es importante resaltar que, si logramos entender la doble naturaleza de Jesús, será muy fácil comprender otros textos bíblicos en los cuales Jesús interactúa con El Padre y, o El Espíritu Santo, como veremos más adelante. Cuando no se entiende esta clave, entonces se le dificulta a uno entender y es precisamente allí donde surgen las interpretaciones erróneas.

III. Jesucristo es Dios

La Biblia enseña enfáticamente que Jesucristo es Dios. Pero si esta es una verdad de la palabra de Dios ¿cómo explicamos la relación de Jesús con Dios? Y, Dónde dejamos al "Jehová del Antiguo Testamento", el cual declara enfáticamente que Jehová es Dios (Deuteronomio 6. 4). Por lo tanto, nos debemos de preguntar; ¿Son dos Dioses? O ¿Es el mismo Dios?

En este capítulo trataremos de explicarlo de la forma más sencilla posible. Para poder explicar el asunto de la Divinidad de Jesús es conveniente que consideremos algunas cosas indispensables sobre la relación de Jesús con Dios.

A. El dilema Padre-Hijo

1. *Uno de los grandes dilemas para entender la divinidad es la relación Padre-Hijo de Jesús con Dios.*

Entendamos que nos referimos aquí por "El Padre" a Dios mismo. Uno de los ejemplos de esta relación es que Jesús hablaba mucho de su Padre.

> *"Mi Padre que me las dio, es mayor que todos, y nadie las puede arrebatar de la mano de mi Padre. Yo y el Padre uno somos." (Juan 10.29-30)*

Este dilema se resuelve cuando aplicamos la doble naturaleza de Jesucristo en la interpretación de este texto. Jesús como hombre o Hijo necesitaba tener a su Padre, ya que Dios es el Padre de toda la creación y aun de Cristo en cuanto a lo humano. Sin embargo, en su divinidad, Jesús era Dios y por lo tanto en muchas ocasiones tomaba decisiones por sí mismo.

2. *¿Y qué pasa cuando Jesús ora? ¿A quién ora?*

Muchas personas tienen problemas de interpretación en pasajes donde Jesús oraba al padre y por eso dicen que Jesús es otra persona distinta al Padre. Por ejemplo, analicemos el siguiente texto bíblico:

> *"Estas cosas habló Jesús, y levantando los ojos al cielo, dijo: Padre, la hora ha llegado; glorifica a tu Hijo, para que también tu Hijo te glorifique a ti." (Juan 17.1)*

En este pasaje, de la misma manera que el anterior; debemos de entender que Jesús como hombre necesitaba dirigir su oración al Padre, ya que a él deben de ser dirigidas todas las oraciones. Por lo tanto, se debe aplicar la clave de interpretación de la doble naturaleza. Entonces, este pasaje se puede interpretar de la siguiente manera: "La humanidad de Dios (Cristo), ora a su propia Divinidad (Dios)".

3. Jesús como Hombre y como Dios.

El otro asunto es la dinámica que existe en la doble naturaleza de Jesús como hombre, pero también como Dios. Para enten-der mejor este asunto de la relación de Jesús con Dios, existen varios eventos en los cuales Jesús actúa como Dios y como hombre indistintamente.

Veamos la siguiente tabla

Tabla 1	
Jesús, como hombre:	Jesús, como Dios.
Tuvo hambre, Mat. 4: 2	Dio de comer a multitudes; Mat. 15: 32-39
Tenía que dormir, Mat. 8: 24	No necesitaba dormir. Ap. 1: 8
Tenía que orar, Mat26: 39	Contesta la oración. Jn. 14: 13
Se cansaba, Jn. 4: 6	No se cansa. Ap. 1: 8
Tuvo que aprender, Heb. 5: 8	Todo lo sabía. Jn. 2.25

En la tabla mencionada, Jesús como hombre, tiene hambre, pero como Dios da de comer a multitudes. Jesús como hombre, tiene que orar, pero como Dios contesta las oraciones. Jesús como hombre, tuvo que aprender, pero como Dios, lo sabe todo. En la misma tabla salen a relucir las dos naturalezas que poseía Jesús y, por lo tanto, prestándole atención a la misma, podemos entender ampliamente todos aquellos textos que a veces muestran a Jesús dirigiéndose al Padre y viceversa.

B. El Nuevo Testamento afirma que Jesús es Dios

Además de lo mencionado arriba, en la Biblia podemos encontrar varios textos bíblicos en los cuales se afirma que Jesús es Dios. Estos textos son enfáticos además muy claros. Veamos algunos.

1. En Romanos

Pablo les dice a los romanos cuando está tratando el tema de Israel

> *"De quienes son los patriarcas, y de los cuales, según la carne, vino Cristo, el cual es Dios sobre todas las cosas, bendito por los siglos, amén". (Romanos 9.5)*

Notemos que en este texto se tratan dos asuntos muy importantes; el primero es que "según la carne" vino Cristo. Esto de *"según la carne"* quiere decir, que Dios vino en carne en la persona de Cristo y, por lo tanto, Jesús tiene todas las características de un hombre como ser humano. La segunda cosa es que Pablo le llama a Cristo "Dios sobre todas las cosas" *(Romanos 9.5)* título que Jehová reclama solo para él, según Isaías:

> *"Así dice Jehová Rey de Israel, y su Redentor, Jehová de los ejércitos: Yo soy el primero, y yo soy el postrero, y fuera de mí no hay Dios". (Isaías 44.6).*

Este texto de Romanos presenta un dilema bien serio para aquellos que insisten en separar a Jesucristo de Dios. El dilema consiste en que presenta a Jesús como "El Dios sobre todas las cosas" poniendo en entredicho las palabras de Isaías respecto a Jehová. Por lo tanto, debemos de hacernos las siguientes preguntas; ¿Es Jesús un Dios diferente a Jehová? Es decir, ¿son dos Dioses? O ¿Es Jesús el mismo Jehová? La respuesta a este dilema se resuelve si reconocemos que toda la Biblia establece que hay un solo Dios. Decir que hay más de un Dios es idolatría. Por lo tanto, Jesús es Jehová.

2. En Tito

Además del texto anterior, el Apóstol Pablo también hace una reveladora declaración cuando le escribe a su hijo amado Tito;

> *"Aguardando la esperanza bienaventurada y la manifestación gloriosa de nuestro gran Dios y Salvador Jesucristo". (Tito 2.13)*

En este otro texto, Pablo llama a Cristo; "El gran Dios y Salvador" títulos que Jehová se ha adjudicado desde la antigüedad (Isaías 43.10-11). Nuevamente debemos aplicar las preguntas hechas en el inciso anterior, y pensar que, si son dos dioses diferentes, entonces estaremos violando la regla de unidad de la escritura. Por lo tanto, no nos queda otro remedio que reconocer que "el gran Dios y Salvador" es, en efecto, nuestro Señor Jesucristo.

3. En Juan

Por último, consideremos las palabras de Juan para ver cómo explica esta relación de Jesús con Dios.

> *"Pero sabemos que el hijo de Dios ha venido y nos ha dado entendimiento para conocer al que es verdadero; y estamos en el verdadero; en su hijo Jesucristo. Este es el verdadero Dios y la vida eterna". (1 de Juan 5.20)*

En este texto, al igual que los anteriores, Juan llama a Jesús "El verdadero Dios y la vida eterna". Notemos que la expresión "El *verdadero* Dios" pone en relieve a Jesús frente a cualquier otro que se llame a si mismo Dios. Por lo tanto, concluimos de la misma manera que en los puntos anteriores, que Jesús en este caso, es el mismo Dios del Antiguo Testamento; aquel que dijo que fuera de Él, no hay otro Dios. El hecho de decir que es el *verdadero*, establece que no hay otro y si no hay otro, enton-ces tenemos que aceptar a Jesucristo, como el verdadero Dios y la vida eterna.

Conclusión

Concluimos este capítulo mencionando que Jesucristo es Dios y que tiene todos los atributos del mismo Dios del Antiguo Testamento. Dichos atributos los ampliaremos un poco más adelante para tener una mejor comprensión de que Jesucristo es el Dios encarnado que vino a salvar al mundo de sus pecados.

Además, hemos aprendido que si entendemos la doble naturaleza que había en Jesús, podemos interpretar casi todos aquellos textos en la cuales se dificulta la interpretación debido a la relación Padre-Hijo de Jesús con Dios.

Capítulo 6

Jesús y la triple manifestación de Dios

≈

"Pero sabemos que el Hijo de Dios ha venido, y nos ha
dado entendimiento para conocer al que es verdadero;
y estamos en el verdadero, en su Hijo Jesucristo.
Este es el verdadero Dios, y la vida eterna."

(1 DE JUAN 5.20)

Introducción

Quizás la parte más difícil para un cristiano radica en entender la dinámica de Jesús en referencia al Padre y al Espíritu Santo. Sin embargo, gracias a la explicación del capítulo anterior sobre la doble naturaleza de Jesús, será más fácil entender todo lo que vamos a tratar en el presente capitulo. Por lo tanto, en esta sección aprenderemos que en Jesús está la triple manifestación de Dios. En otras palabras, Jesús es el Padre, Jesús es el Hijo y Jesús es el Espíritu Santo.

I. Jesús y la triple manifestación de Dios

Dijimos anteriormente que la triple manifestación de Dios se refiere a que Dios se ha dado a conocer de tres formas comunes a los seres humanos. Como Padre en la creación (al crear todas las cosas), como Hijo en la redención (al redimir al hombre) y como Espíritu Santo (en la vida de los creyentes). Sin embargo, en este capítulo aprenderemos que esas mismas manifestaciones de Dios como Padre, como Hijo y como Espíritu Santo podemos encontrarlas aplicándose a Jesús también.

A. Jesús dice ser El Padre

La Biblia enseña que Jesús se autonombró como el Padre en varias ocasiones o al menos, eso dio a entender. Uno de los pasajes bíblicos que calentó los ánimos y además levantó mucha controversia entre los religiosos judíos contra nuestro Señor Jesucristo, sin lugar a duda fue aquel donde Cristo declara lo siguiente: *"Yo y el Padre uno somos"*. (Juan 10. 30)

Este texto se dio como el resultado de la declaración de Jesús como el buen pastor de las ovejas y en respuesta a la pregunta de si él era el Cristo. Al responder Jesús afirmativamente, los religiosos tomaron piedras para apedrearlo por tal afirmación, ya que ellos rápidamente entendieron que Jesús estaba auto llamándose Dios el Padre (Juan 10.33). Sin embargo, no es el único texto donde lo menciona; basta leer el mismo capítulo 14 de san Juan para darnos cuenta de que tiene mucha revelación referente a este tema.

Unos versos antes del texto mencionado, Jesús había dicho:

> *"Yo soy el camino, la verdad y la vida; nadie viene al Padre sino por mí"*. (Juan 14.6)

Aparte de presentarse Jesús como el único camino, la única verdad y vida; también se presenta como el personaje que posee al Padre. En este claro pasaje, Jesús no solo invita a venir a él utilizando la frase; *"Nadie viene al Padre si no por mí"* donde claramente se auto llama Padre al invitarlos a venir a él, pero también, se presenta como el único camino al Padre.

En segundo lugar, Jesús también menciona en el verso 7:

> *"Si me conocieseis, también a mi Padre conoceríais; y desde ahora le conocéis, y le habéis visto"*. (Juan 14. 7)

Jesús habla de conocer y ver al padre; dos cosas bien importantes a la hora de conocer a alguien, pues no se puede conocer a una persona si uno no la ve. Por lo tanto, Jesús les está diciendo; si los discípulos lo conocen a él y lo han visto, también conocen y han visto al Padre. En realidad, a quien estaban viendo ellos con sus propios ojos era a Jesús y no al Padre. Alguien puede argumentar que Jesús está utilizando este ejemplo de una forma simbólica, sin embargo, la palabra haber "visto al Padre" aquí realmente se refiere a una forma física (Mas adelante aclararemos esto).

Una tercera declaración se da en el verso 9, y esta es aún más clara que las anteriores. Esta se da cuando Felipe sin entender aun, le pide al Señor lo siguiente: *"...Señor, muéstranos el Padre, y nos basta"*. (Juan 14. 8) a lo que Jesús le contesta de manera enfática y categórica:

> *"¿Tanto tiempo hace que estoy con vosotros, y no me has conocido, Felipe? El que me ha visto a mí, ha visto al padre"*. (Juan 14. 9)

Nuevamente, el Maestro hace referencia a que sus discípulos, pero especialmente Felipe al ver a Jesús ha visto al Padre y otra vez, esto no es simbólico sino físico. Por lo tanto, en estos, y en otros versos, Jesús claramente les dice a sus discípulos, que él es el Padre. Obviamente este texto nos enseña que Felipe no había comprendido en realidad todavía quién era Jesús tal y como sucede hoy en día. Muchas personas todavía no han entendido quien es nuestro Señor Jesucristo.

Por último, observamos más adelante en el mismo capítulo que Jesús les deja ver aún más claramente que él es el Padre; cuando les dice: *"No os dejaré huérfanos; vendré a vosotros"*. (Juan 14.18) Como Padre de ellos (no solo en la fe, sino como Dios Padre que es) no los dejaría huérfanos, sino que estaría siempre con ellos. Por lo tanto, concluimos que Jesús declara ser el Padre y aquellos que tuvieron el privilegio de verlo cara a cara, vieron una revelación del mismo Dios en la persona de Jesucristo.

Para entender mejor la relación de Jesús y el Padre, quisiera que comparemos la acción de Jesús y del padre en la siguiente tabla. En la misma se mencionan tres eventos en los cuales tanto Jesús como el padre realizan la misma actividad. Una vez leído debemos contestar las siguientes preguntas ¿Quién de los dos es el que está haciendo tal acción? O ¿A quién se le debe de atribuir tal acción?

Tabla número 2		
Jesús	Acción	Padre
Jn. 2: 19-22	¿Quién resucita a Jesús?	Ro.. 6: 4
Jn. 14: 14	¿Quién contesta la oración?	Jn. 15: 16
Jn. 12: 32	¿Quién atrae a la gente?	Jn. 6: 44

Como se puede observar en la tabla, la misma acción es realizada, tanto por Jesús como por el padre, entonces; ¿A quién se le debe de atribuir la acción? Una vez que uno ha entendido la doble naturaleza de Jesús, entonces no es difícil contestar que, en estas tres acciones, tanto Jesús como el Padre realizan la misma acción por que ambos, son la misma persona.

B. Jesús dice ser El Hijo

La segunda manifestación de Dios y por ende de Jesús es la de "El Hijo". Aunque ya hablamos de esto anteriormente, sin embargo, debemos aclarar aquí que la frase *"Hijo de Dios"* para referirse a Jesús aparece una gran cantidad de veces. No obstante, por causa de espacio, solo nos referiremos a algunas ocasiones en las que están relacionadas directamente a lo que estamos diciendo.

Lo dijo el ángel a María, (Lucas 1.35). La frase "Hijo de Dios" fue dicha por el ángel cuando le anuncio a María que sería madre del redentor.

Lo dijeron sus discípulos al ver su gloria en el mar, (Mateo 14.33). Estos discípulos no solo dijeron que era el Hijo de Dios al ver como caminaba sobre el mar y el viento y la tempestad se calmaban, sino hasta lo adoraron.

El mismo Jesús se lo dijo al sumo sacerdote, (Mateo 26.63-64). Sin lugar a duda, la ocasión más importante de todas las veces que se menciona la frase "Hijo de Dios" para referirse a la manifestación de Dios en carne es la utilizada y dicha por el mismo Jesús al sumo sacerdote. En esta ocasión el sumo sacerdote le exigió a Jesús una respuesta:

"...Te conjuro por el Dios viviente, que nos digas si eres tú el Cristo, el Hijo de Dios".

Imagínese usted la escena; la máxima autoridad religiosa de Israel le exige a Jesús la respuesta a la pregunta que muchos se hacían sobre él y que nadie podía contestar. Entonces viene la respuesta de parte del Maestro:

"Jesús le dijo: Tú lo has dicho; y además os digo, que desde ahora veréis al Hijo del Hombre sentado a la diestra del poder de Dios, y viniendo en las nubes del cielo". (Mateo 26. 63-64).

Podemos observar en esta declaración de Jesús que se adjudica el título de Hijo de Dios al ser confrontado bajo juramento por parte de la autoridad máxima de los judíos para contestar esta pregunta.

Por último, debemos entender que esta es la manifestación visible de Dios y, por ende, la más importante en el proceso de salvación de los hombres. Al presentarse Dios como hombre (Hijo) en esta tierra, se cumplen todas las profecías que esta-ban escritas referente al plan que Dios tenía para salvar al hombre de sus pecados. Jesucristo en su humanidad fue el único que pudo llegar a la cruz y morir por nosotros.

Uno de los problemas que tienen algunos cristianos, es entender todas esas palabras en las que Jesús se declara así mismo, como *el hijo del hombre* (para referirse al Hijo de Dios). Sin embargo, cuando se ha entendido bien la doble naturaleza de Jesucristo no tendremos ningún problema. Recuerdo una frase del Dr. Fortino que para entender la divinidad de Jesús basta solamente preguntarse ¿Cómo está hablando Jesús? ¿Como hombre o como Dios? Si Jesús habla como hombre, entonces él está actuando como hijo, si habla como Dios, entonces él es el Padre.

C. Jesús dice ser El Espíritu Santo

Finalmente, tenemos la manifestación de Dios como "El Espíritu Santo". Tal y como vimos anteriormente que Jesús manifiesta ser El Padre, en esta ocasión también aprenderemos que Jesús dice ser El Espíritu Santo. Debemos aclarar que, bíblicamente hablando, ésta es la manifestación por medio de la cual Dios dirige a su Iglesia después de la partida Cristo de este mundo. Mas adelante explicaremos esto, pero por ahora solo diremos que estamos viviendo bajo la dispensación de la gracia y El Espíritu Santo es el que gobierna y dirige a la iglesia del Señor. Para poder entender que Jesús es el Espíritu Santo analicemos varios aspectos, pero primeramente afirmaremos la unidad de Dios en Espíritu.

1. Solo hay un Espíritu.

Antes de proseguir con la explicación sobre El Espíritu Santo" debemos decir que la Biblia enfatiza que *Dios es Espíritu* y que solo hay un Espíritu.

> "*Un cuerpo, y un Espíritu, como fuisteis también llamados en una misma esperanza de vuestra vocación; un Señor, una fe, un bautismo.*" (Efesios 4.4-5)

Este punto es importante ya que si nos damos cuenta, cuando Dios creo al ser humano le dio de su espíritu (aliento) para que viviera y luego, cuando Cristo vino a la tierra dijo que su Espíritu iba a vivir en el hombre. Entonces, no debemos interpretar que estos sean varios espíritus, sino que, como dice Pablo a los corintios, "*El Espíritu es el mismo*" (1 Corintios 12.4).

2. El Señor Jesucristo, es el Espíritu.

El otro asunto que hay que entender aquí es que ese Espíritu, es nuestro Señor Jesucristo. Observemos como Dice Pablo respecto a este particular

> "*Porque el Señor es el Espíritu; y donde está el Espíritu del Señor, allí hay libertad*". (2 de Corintios 3.17)

En este texto se identifica al Espíritu con el Señor, por lo tanto, debemos señalar que "Señor" en este caso, es lo mismo que "El Espíritu". Aquí hay una revelación de Dios referente a lo que venimos hablando. Jesús se llamó Señor, a él mismo, frente a sus discípulos. Esto sucedió cuando les estaba dando una lección sobre el servicio y la humildad, después de haberles lavado los pies.

> "Vosotros me llamáis Maestro, y Señor; y decís bien, porque lo soy." (Juan 13.13).

Notemos, que ya los discípulos le llamaban Maestro y Señor, por lo tanto, al proclamarse Señor, Jesús se revela como el Espíritu de acuerdo con el apóstol Pablo.

No obstante, lo mencionado arriba, este no es un caso aislado en que Jesús da estas revelaciones. En otra ocasión, también Jesús afirma lo siguiente:

> "...Y yo rogaré al Padre, y os dará otro Consolador ... el Espíritu de verdad, al cual el mundo no puede recibir, porque no le ve, ni le conoce; pero vosotros le conocéis, porque mora con vosotros, y estará en vosotros". (Juan 14.16-17)

En esta porción bíblica, podemos descubrir varias cosas. La primera, es que El Padre ha de dar al Consolador a los creyentes. Este es El Espíritu Santo, al cual el mundo no puede recibir sencillamente porque no le puede ver.

En segundo lugar, a diferencia del mundo, los discípulos de Jesús sí conocen al Espíritu, ¿Por qué? Porque vive con ellos, pero después (Este después, es cuando Jesús haya ascendido al cielo) vendrá y entrará en ellos. Esta es una clara alusión de Jesús al Espíritu Santo; y "estará en vosotros" hace alusión a la llenura del Espíritu Santo. Mas adelante explicaremos sobre la manifestación del Espíritu Santo en las personas, siendo esa la morada del Espíritu dentro de los cristianos.

Por lo tanto, concluimos que Jesús se ha manifestado como el Espíritu Santo a su Iglesia. Es interesante considerar dos textos bien importantes referente a este mismo asunto.

El primero se encuentra En san Juan 16.7 donde Jesús les dice a sus discípulos:

> "Pero yo os digo la verdad: Os conviene que yo me vaya; porque si no me fuera, el Consolador no vendría a vosotros; más si me fuere, os lo enviaré".

En este texto podemos observar un par de cosas. La primera tiene que ver con lo que venimos hablando. Jesús, se tiene que ir para que El Espíritu Venga. Y la segunda, tiene que ver con la dispensación; es decir, el tiempo de la manifestación de Jesús como Espíritu. Esta no puede darse, a menos que Jesús se vaya. Alguien puede pensar que, si Jesús es Dios, también puede manifestarse a la misma vez, y eso es cierto, pero realmente lo que Jesús está diciendo tiene que ver con el papel de Espíritu Santo que había de desempeñar al ser elevado Jesús a los cielos.

El segundo texto se encuentra en San Juan 14.18 y dice: "No os dejaré huérfanos; vendré a vosotros".

La forma más fácil de interpretar este texto es diciendo que Jesús como Padre no dejará huérfanos a sus hijos, sin embargo, el enfoque principal de este texto tiene que ver, con la forma en que Jesús no ha de dejar solos a sus hijos y que Jesús ha de morar dentro de ellos.

II. Dinámicas de relación de Jesús con el Padre y el Espíritu Santo.

Uno de los problemas principales que tienen algunos cristianos para entender que Jesús es Dios tiene que ver con la interacción que Cristo tiene con ambos, tanto el Padre, como el Espíritu Santo. Muchas veces al no entender esta interacción, entonces se concluye pensando que Dios son tres personas distintas. Para entender mejor eso debemos preguntarnos lo siguiente:

A. ¿De quién somos templo?

En efecto, si el Padre es una persona, el Hijo es otra persona y el Espíritu Santo también, entonces, ¿de quién somos templo? La Biblia dice lo siguiente:

- Somos templo de Dios (Padre). (2 de Corintios 6.16)
- Somos templo de Cristo. (2 de Corintios 13.5)
- Somos templo del Espíritu Santo. (1 de Corintios 6.19)

Para alguien que entiende que Dios se ha manifestado de estas tres formas, es decir, como Padre, como Hijo y como Espíritu Santo, no es problema entender que Somos templo del mismo Dios, ya que en sus tres manifestaciones es el mismo.

B. ¿Quién levantó a Jesús de los muertos?

La otra pregunta lógica es la siguiente: Si son tres personas, entonces ¿Quién levantó a Jesús de los muertos? Frente a esa pregunta la Biblia dice lo siguiente:

- Dios lo levantó de los muertos. (Hechos 13.29-30)
- El espíritu Santo le levantó de los muertos. (Romanos 8.11)
- Jesús mismo se levantó de los muertos. (Juan 2.19)

Para alguien que ha entendido que Dios se ha manifestado de estas tres formas, no hay problema en entender que el mismo Jesús se levantó de la tumba. Lo que pasa es que debemos entender el tiempo y la ocasión en que la escritura está haciendo referencia al tema en cuestión.

III. Jesús es el Dios manifestado en carne.

Para cerrar este asunto de las manifestaciones de Dios es necesario explicar la manifestación de Dios en carne. Este asunto lo hablamos un poco anteriormente, sin embargo, en este segmento lo ampliaremos. De acuerdo con lo que hemos presentado anteriormente, Dios se ha manifestado al mundo en carne en la persona de Jesucristo. En otras palabras, el Dios que hizo los cielos y la tierra se manifestó a este mundo en carne, o sea, igual que uno de nosotros.

Lo más importante de esta declaración, es que la Biblia misma ratifica lo que estamos diciendo. Para ello veamos las siguientes declaraciones:

A. Jesús mismo así lo declara

Cuando Jesús discute con los judíos sobre quien es el Padre, les dice:

> *"Si me conocieseis, también a mi padre conoceríais; y desde ahora le conocéis, y le habéis visto".* (Juan 14.7)

En este texto podemos observar que Jesús pone en relieve; que conocerlo a él, es conocer a Dios; pero lo más significativo es que el que ha mirado a Cristo, ciertamente ha mirado a Dios. Debemos entender que esta aseveración de Jesús no tiene nada que ver con un sentido simbólico ni nada por el estilo. Lo que lo que está diciendo el Señor literalmente es que quien lo ha visto, ha visto la manifestación del mismo Dios en carne y ese es Jesucristo.

B. El apóstol Juan lo declara

Otro pasaje bíblico que declara que Dios se hizo carne en la persona de Jesucristo es Juan. Él dice:

> *"En el principio era el Verbo, y el Verbo era con Dios, y el Verbo era Dios".* (Juan 1.1) Leer también Juan 1.14.

Este texto se ha explicado en cientos de formas por diversos teólogos para tratar de acomodarlo a sus formas de pensar, sin embargo, nosotros trataremos de mirarlo de la forma más simple posible. Este texto revela que en el principio de todas las cosas era el verbo (La palabra) y esa palabra estaba con Dios y era el mismo Dios.

Debemos tener cuidado con no asumir que son dos palabras, o que el verbo era otro que estaba con Dios, y que además era Dios. La razón es que asumirlo así automáticamente estaríamos asumiendo que había más de un Dios en el principio y eso viola la regla de unicidad. Dios es uno. Sin embargo, el texto de Juan 1.1 no puede desconectarse del verso 14 del mismo capítulo, ya que en este texto dice que " ...*aquel Verbo fue hecho carne, y habitó entre nosotros ...*" (Juan 1.14)

Este texto en una clara referencia a Jesucristo. Aquel Verbo que era Dios, vino en carne y habitó entre nosotros. Este es Jesús.

C. Pablo también lo declara

Por último, el Apóstol Pablo también hace su aportación teológica fundamental al declarar a Timoteo:

> "*E indiscutiblemente, grande es el misterio de la piedad, Dios fue manifestado en carne, Justificado en el Espíritu, Visto de los ángeles, Predicado a los gentiles, Creído en el mundo, Recibido arriba en gloria.*" (1 Timoteo 3.16)

Esta afirmación del Apóstol contiene una carga teológica impresionante, ya que trata no solo el asunto de la encarnación de Dios sino la identidad de Jesucristo entre otras cosas. Podemos observar que el Apóstol claramente nos deja saber que Dios se manifestó en carne en la persona de Jesucristo. Además, el texto es una clara referencia a Cristo Jesús. Es Jesús el que fue manifestado en carne; es Jesús el que fue justificado; es Jesús el que fue visto por los ángeles; es Jesús el que fue predicado a los gentiles y el mismo que fue recibido arriba en gloria. Por lo tanto, no cabe la menor duda que en Jesucristo está presente toda la Divinidad tal y como afirma el mismo apóstol Pablo a los colosenses.

> "*Porque en él habita corporalmente toda la plenitud de la Deidad*" (Colosenses 2.9).

Concluimos que la manifestación de Dios en carne en la persona de Jesucristo es la única manera en la que nosotros podíamos ver y tocar a Dios. Por eso cuando Felipe le pregunta a Jesús que le muestre al padre, Jesús lo regaña diciéndole que ya ha visto a padre al verle a él (Juan 14.7-10)

IV. Atributos divinos de Jesús

Cuando estudiamos a Jesucristo en relación con Dios podemos encontrar varias similitudes entre uno y otro, especialmente cuando se trata de la naturaleza y de los atributos que posee uno y otro. Existe una relación muy directa entre Jesucristo y Dios mismo en todo lo que ya mencionamos arriba. Estas relaciones nos dejan bien claro que Jesucristo es el mismo Dios del Antiguo Testamento. Para poder establecer y además probar esta postura teológica, debemos considerar dos cosas bien importantes: la primera son los *títulos* dados a Dios y a Cristo y, la segunda, son los *atributos* que poseen ambos también.

A. Jesús posee los mismos títulos que Dios

En la siguiente tabla se presenta una comparación entre Dios y Jesús en la cual se pone de relieve los títulos dados a Dios en la Escritura y también los títulos dados a Jesús, ya sea por él mismo o por otros.

Tabla número 3	
Dios es:	Jesús es:
La Roca; Dt. 32: 1-4, 2 de Sam. 22: 3, Sal. 18: 2, Is. 17: 10-11	La Roca; Mat. 16: 17-19, Hch. 4:11, 1 de Cor. 10:4, Ef. 2: 20, 1 de Pe. 2:6
El que viene; Sal. 50: 1-6, Zac. 14: 4-5, 1 de Ts. 4: 16, Ap. 19: 11-16	El que viene; Mat. 25: 31-46, 1 de Tes. 3:13, Tito 2: 11-13
El Creador; Gen. 1: 1, Job 33:4, Sal. 33: 6, Is. 40: 28, Mal. 2: 10	El Creador; Jn. 1: 10, 1 de Cor. 8:6,

El Salvador; Sal 78: 34-15, Sal. 10: 21, Isa 43: 3-11	El Salvador; Lc. 2:10-11, Hch. 12:23, Fil. 3:20, 1 de Tim. 4:10, Tit.2:13
El Pastor; Sal. 23:1, Sal. 100, Isa 40:11	El Pastor; Jn. 10:11, Jn. 10:8-12, Heb. 13: 20, 1 de Pe. 2:25
El Rey; Sal. 44:4, Is. 43:15, Jer. 10:10, Zac. 14: 9	El Rey; Mt. 2:1-6, Lc. 9:32-33, Jn. 18:37, 1 de Tim. 6:13-16
El Yo Soy; Ex. 3: 14, Is. 43: 10-11	El Yo Soy; Jn. 8:24-28, Jn. 18:5-8, Ap. 1:17-18
El Primero y el último; Is. 41: 4, Is. 43:10-11, Is. 44: 6-8	El Primero y el último; Ap. 1:8-11, Ap. 22:13

B. Jesucristo posee los mismos atributos que Dios

Además de los títulos dados a Dios y a Jesús en los cuales se puede observar que son los mismos, Jesús también posee atributos que solo le son otorgados a Dios. A continuación, observemos solo los más importantes.

1. La Omnipotencia. Hemos descubierto que Jesús afirmó tener "la Omnipotencia" de Dios en más que una ocasión, sin embargo, analicemos la siguiente: Al terminar Jesús su ministerio llegó a decir; *"Toda potestad me es dada en el cielo y en la tierra."* (Mateo 28.18, Apocalipsis 1.8, y Juan 17.2). Esta palabra quiere decir, que todo el poder le era dado para hacer cualquier cosa; esto solamente puede suceder en la Omnipotencia de Dios. Esto debe de ser sumado a todos los eventos en los que Jesucristo hizo obras poderosas que solo Dios podía hacer.

2. Omnisciencia. Otro de los atributos que encontramos en Jesucristo es que podía saber lo que había en el hombre sin que nadie le dijera nada. Por ejemplo, conoció los pensamientos de Simón el Fariseo cuando aquella mujer pecadora le ungió los pies (Lucas 7.36-47); Cuando los discípulos del Señor miraron ejemplos como este llegaron a decir: *"Ahora entendemos que sabes todas las cosas."* Juan 16.30. Leer Juan 2.24, 25 y

Juan 4.16-19. La Omnisciencia de Dios permitía que Jesucristo tuviera conocimiento prácticamente de cualquier cosa.

3. Omnipresencia. La Omnipresencia es la capacidad de estar en todas partes al mismo tiempo. Uno de los pasajes más poderosos de la escritura lo encontramos en Juan 3.13 cuando Jesús declara:

> *"Nadie Subió al cielo, sino el que descendió del cielo, el Hijo del Hombre que está en el cielo".*

Si nosotros analizamos cuidadosamente las palabras de Jesús, notaremos que él tiene la capacidad de estar en todas partes a la misma vez. El texto habla del Hijo del hombre; es decir, Jesús en su forma humana o mejor dicho el Dios encarnado. Él puede estar en el cielo y en la tierra a la misma vez. En Mateo 18.20 Jesús promete estar siempre con sus discípulos cuando se reúnan para adorarlo.

Conclusión

Concluimos, por lo tanto, que en Jesucristo se manifestó Dios es su máxima expresión. Ese Dios espíritu al que ningún humano puede mirar, descendió del cielo y se hizo carne al igual que nosotros los humanos, para que pudiéramos tocarlo y verlo.

Además, en este capítulo aprendimos que Jesús no es un Dios más pequeño y mucho menos un Dios subordinado al Padre. Jesucristo es el mismo Jehová del Antiguo Testamento, con todas las prerrogativas de Dios.

Concluimos que Dios tomó forma de hombre en la persona de Jesucristo para venir a salvarnos, ya que esa era la única manera de poder realizar la expiación de nuestros pecados.

Capítulo 7

El hombre

≈

*"Entonces dijo Dios: Hagamos al hombre a nuestra imagen,
conforme a nuestra semejanza; y señoree en los peces del
mar, en las aves de los cielos, en las bestias, en toda la
tierra, y en todo animal que se arrastra sobre la tierra.
Y creó Dios al hombre a su imagen, a imagen de
Dios lo creó; varón y hembra los creó."*

(GÉNESIS 1.26-27)

Introducción

La existencia del hombre es y ha sido uno de los temas más estudiados por la ciencia y por todos aquellos que han tratado de resolver el misterio de su procedencia. Una de las controversias más grandes sobre este particular es la famosa teoría de la evolución, la cual establece que el hombre desciende del mono y que ha adquirido su condición actual debido a un proceso evolutivo.

Myer Pearlman, teólogo sistemático, lo explica de una manera sencilla;

> "La teoría de la evolución nos enseña que todas las formas de vida nacieron de una forma y que las especies superiores se desarrollaron de las inferiores, de manera que; por ejemplo, el caracol se convirtió en pez, el pez en

reptil, el reptil en ave, y pasando rápidamente, el mono se convirtió en ser humano"[25].

Sin embargo, nosotros los cristianos descartamos esa teoría ya que como dice el mismo Myer; "Dios hizo a las especies distintas y separadas, y colocó una barrera intermedia de manera que, por ejemplo, un caballo no podría desarrollarse hasta transformarse en una raza de animales que ya no pudieran de nominarse caballos". Es decir, que no pudieran evolucionar.

Además, agrega Myer;

> "Por ejemplo el caballo y el asno pertenecen a especies distintas, pues si se los cruza, producen mulos o mulas, y estos son incapaces de reproducción, es decir, no pueden engendrar más mulas. Esta verdad contradice la teoría de la evolución, pues demuestra en forma evidente que Dios ha colocado una barrera que impide que una especie se transforme en otra"[26].

En este capítulo nos enfocaremos en explicar cuál es la procedencia del hombre, según las escrituras y también conforme a una cosmovisión cristiana. Además, aprenderemos algunos detalles de la forma en que fue creado por Dios y también cual fue el propósito de su creación. Por último, daremos un vistazo al lado obscuro de la humanidad, enfocándonos en la caída del hombre del lugar privilegiado que Dios le había dado desde el día que lo formó.

I. La creación del hombre

La Biblia dice que Dios es el creador del hombre; y esta palabra contradice todas las creencias y teorías de que el hombre procede del mono o de cualquier otra forma de creación y existencia. Para una persona que cree

---

[25] Myer Pearlman, *Teología Bíblica y Sistemática* (Nashville, TN: Editorial Zondervan, 2013), 119.
[26] *Ibid.* 121.

en Dios y en su palabra, este asunto de la creación del hombre debe de ser incuestionable. No obstante, las personas necesitan una explicación que satisfaga su sed por una respuesta que convenza. Esa la encontramos en las sagradas escrituras.

La Biblia dice enfáticamente que Dios es el creador del hombre. A continuación, veremos algunas porciones bíblicas que lo enfatizan claramente y explicaremos un poco sobre el significado del texto bíblico.

> *"Y creó Dios al hombre a su imagen, a imagen de Dios lo creó; varón y hembra los creó." (Génesis 1.27)*

En este texto podemos apreciar que el creador del hombre es Dios; además, que Dios lo hizo a su imagen (esto lo ampliaremos más adelante) y, por último, que Dios los creo con un género; en este caso hizo un varón y después una mujer, una *hembra*. Esto tiene un significado medular en el establecimiento de la humanidad. Al crear Dios a un varón y a una mujer estableció el camino a la reproducción y al nacimiento de futuros seres humanos. Este fue el plan original de Dios pues se necesita un varón y una hembra para que haya reproducción de seres humanos.

> *"Entonces Jehová Dios formó al hombre del polvo de la tierra, y sopló en su nariz aliento de vida, y fue el hombre un ser viviente." (Génesis 2.7)*

El siguiente elemento en la creación del hombre tiene que ver con la forma en que Dios hizo al ser humano y que nos habla de la grandeza del creador. Lo formó "del polvo de la tierra". Esto quiere decir, que Dios tomó tierra y le dio la forma que el ser humano tiene ahora. Podemos decir sin temor a equivocarnos, que Dios con sus propias manos, formó cada parte de aquel muñeco de tierra, como él quiso.

> *"Y de la costilla que Jehová Dios tomó del hombre, hizo una mujer, y la trajo al hombre". (Génesis 2.22)*

El siguiente elemento en la creación de Dios tiene que ver con la hechura de la mujer; a saber, la compañera del primer varón sobre la tierra.

Curiosamente, a diferencia de la forma en que hizo al varón, a la hembra la hizo de una de las costillas del hombre. Este hecho es bastante interesante, ya que refleja una intención del creador para el ser humano. Al ser la mujer hecha de la costilla del hombre, coloca a la mujer en un lugar especial en la vida del varón, pero también de una condición muy distinta al varón. De allí entendemos que la mujer es un vaso más frágil (1 Pedro 3.7).

> *"Reconoced que Jehová es Dios; Él nos hizo, y no nosotros a nosotros mismos; pueblo suyo somos, y ovejas de su prado." (Salmos 100.3)*

Por último, la Biblia enfáticamente establece a Dios como el creador del ser humano. Descartando que el ser humano haya sido creado de alguna otra manera o mucho menos que sea producto de un proceso evolutivo o que el mismo humano haya puesto su mano en ello. Por lo tanto, el cristiano debe descartar cualquier teoría, opinión o doctrina contraria al relato bíblico, ya que al hacerlo estaría rechazando la obra de Dios al crear al ser humano.

II. Dios hizo al hombre a su imagen y semejanza

El otro asunto para considerar cuando hablamos de la creación del hombre es ¿Cómo fue hecho? El texto fundamental para definir la creación del hombre lo mencionamos arriba y se encuentra en Génesis, cuando Dios dijo:

> *"...Hagamos al hombre a nuestra imagen, conforme a nuestra semejanza ..." (Génesis 1.26)*

El hombre no solo fue creado por Dios, sino que fue creado a su imagen y semejanza. La palabra semejanza viene del latín *similia*, cosas parecidas; y la academia de la lengua española la traduce como, "que se asemeja o se parece a alguien o algo; se compara a; equivale a, o diferente en tamaño, pero con las partes iguales en proporción[27]. Por lo tanto, el hombre se parece a Dios o tiene un parecido a Dios.

---

[27] Rae.es, "semejanza". http://dle.rae.es/?id=XVv80p3. Consultado el 24 de Julio, 2019.

Dios depositó en el hombre algo que nadie más pudo depositar. Solamente un Dios amoroso por su creación pudo depositar su imagen en el hombre. Hay que entender que la imagen de Dios no se refiere a una fisonomía, o parecido en rostro o figura, pues en primer lugar Dios es Espíritu (Juan 4.24) y el hombre es humano. Se refiere a una imagen espiritual y moral. El hombre heredó de Dios todo lo bueno, lo puro, lo justo y todo lo que tenga que ver con una moralidad elevada, por lo tanto, se debe descartar la idea de que el hombre se parezca a Dios físicamente.

III. Dios hizo al hombre con características únicas

A diferencia de los animales, el hombre fue hecho con las manos de Dios, y por supuesto Dios puso cualidades únicas en el hombre que lo hacían totalmente diferente a los otros seres de la creación. A continuación, notamos tres características que el ser humano poseyó desde el día en que fue creado.

A. Con facultades intelectuales.

El primer hombre sobre la tierra poseía facultades intelectuales que no tenían los animales de la creación. El texto bíblico dice de esto lo siguiente:

> *"Jehová Dios formó, pues, de la tierra toda bestia del campo, y toda ave de los cielos, y las trajo a Adán para que viese cómo las había de llamar; y todo lo que Adán llamó a los animales vivientes, ese es su nombre." (Génesis 2: 19)*

Dios le dio al hombre la capacidad de razonar, pensar y la creatividad para ponerle nombre a todos los animales que Dios había creado y, por supuesto, la capacidad de todo conocimiento científico. La mente es lo más grandioso que posee el ser humano, ya que con ella puede crear, visionar y pensar. En la mente del individuo se encuentra un manantial de conocimiento y sabiduría, y esto solo Dios lo pudo hacer. Vale la pena mencionar que esta es otra área en la cual el hombre tiene la imagen de Dios, ya que de igual manera Dios es un ser súper inteligente.

B. Con una naturaleza moral santa.

El otro aspecto significativo del ser humano es que fue hecho con una condición excepcional. El hombre fue creado puro y santo, es decir, sin pecado. Estos también eran los rasgos del Dios Altísimo quien habita en santidad y además es un Dios puro; en esas mismas condiciones fue creado el hombre. El predicador dice:

> "He aquí, solamente esto he hallado: que Dios hizo al hombre recto, pero ellos buscaron muchas perversiones." (Eclesiastés 7.29).

En el principio el primer hombre gozó de la bendición más grande de ser limpio. Esto no era más que el reflejo de Dios que había creado un ser semejante a él, pues Dios habita en santidad. Desafortunadamente, ese gozo de la santidad duró poco en el ser humano.

C. Fue creado inocente.

Por último, el ser humano fue creado inocente y sin malicia alguna. Tal era la inocencia que había en ellos, que no alcanzaron a identificar la trampa que el enemigo les estaba poniendo, pues andaban desnudos y ni cuenta se daban de ello. La inocencia es lo más puro que un individuo puede tener. Uno observa a los niños pequeños cuando alguien les ofrece un dulce, a cambio de un billete de 20 dólares. Como sabemos, el niño accede a dar el billete sin ningún titubeo o sin ningún problema. Eso sencillamente es porque no conoce el valor de 20 dólares frente al de un caramelo. Así era el ser humano en el principio.

IV. Dios hizo al hombre con un propósito

Como todo lo que hace Dios tiene un propósito, así fue la creación del hombre también. La idea de crearlo no surgió en el vacío y mucho menos sin saber para qué lo estaba haciendo. Dios tenía bien claro el por qué de su creación y el motivo de su existencia. En este inciso trataremos sobre el propósito de Dios al crear al hombre sobre la tierra.

A. Dios hizo al hombre para tener comunión con él.

Uno de los grandes propósitos de Dios al crear al hombre, fue para tener una comunión intima con él. Este punto nos habla de relación, por lo tanto, Dios estaba creando a alguien con el cual pudiera entablar una comunicación y por ende, establecer una relación íntima. Aunque Dios tenía muchos ángeles y seres creados en los cielos como para convivir con ellos, sin embargo, en el hombre encontró algo especial que no tenían los seres angelicales. El hombre tenía una voluntad y una necesidad especial, la cual no tenían los ángeles. El hombre, al igual que Dios, también necesitaba de una relación íntima.

El ser humano fue creado por el gran amor de Dios y lo hizo para tener una relación con él, tal es así que el mundo lo hizo para compartirlo con el hombre. (Efesios 1.4-5)

B. Dios hizo al hombre para manifestar su naturaleza.

Otro propósito por el cual Dios hizo al hombre fue para manifestar en él su naturaleza. El hombre goza de privilegios espirituales que los mismos ángeles no poseen. Por ejemplo, es al hombre a quien Dios llama su hijo; es al hombre al que vino a salvar y por el cual dio su vida en la cruz del calvario. Es al hombre al que le ha dado su amor, y su misericordia. Es al hombre al que le ha dado una mente y un corazón como el de Dios (Ej. David. 1 Samuel 2.35).

En ningún lado vemos que Dios haya hecho tal cosa por los ángeles. Además, es al hombre a quien Dios ha dado después de la salvación, el regalo más grande. Dios le dio de su espíritu, primero al ser creado cuando sopló en él aliento de vida y al ser convertido a Dios, la manifestación del Espíritu Santo en su vida. Por eso, el salmista no pudo más con tanta bendición que irrumpe en exclamación

"...¿Qué es el hombre, para que tengas de él memoria, Y el hijo del hombre para que lo visites? Le has hecho poco menor que los ángeles, Y lo coronaste de gloria y de honra." (Salmos 8.4-5)

En esta exclamación, David evidencia el lugar de privilegio que tiene el ser humano en comparación con los ángeles.

C. Dios hizo al hombre para compartir su gobierno.

Por si fuera poco, el ser humano recibió una porción de autoridad de parte de Dios, pues el hombre fue el encargado de dominar y gobernar sobre las bestias del campo y sobre la misma tierra. El salmista sigue su exclamación elocuente:

"Le hiciste señorear sobre las obras de tus manos; Todo lo pusiste debajo de sus pies: Ovejas y bueyes, todo ello, Y asimismo las bestias del campo, Las aves de los cielos y los peces del mar; Todo cuanto pasa por los senderos del mar." (Salmos 8.6-8)

El ser humano gobierna sobre la creación de Dios. Este es un privilegio demasiado grande que hemos recibido de parte de Dios. Dios ha compartido su gobierno con los seres humanos y eso es algo que hemos recibido por pura gracia del Señor. Imagine lo que sintió el apóstol Pedro cuando Jesús le dijo:

"Y a ti te daré las llaves del reino de los cielos; y todo lo que atares en la tierra será atado en los cielos; y todo lo que desatares en la tierra será desatado en los cielos". (Mateo 16.19)

Si consideramos estas palabras, sencillamente debemos decir, "Esto es demasiado poder para un hombre mortal". Sin embargo, eso mismo es lo que Dios hizo con el ser humano y todo, sencillamente para mostrar su gran amor por nosotros.

D. Dios hizo al hombre para cumplir su propósito.

Por último, Dios hizo al hombre para que cumpliera los propósitos de Dios para esta tierra y para su creación en su totalidad. En otras palabras, Dios hizo al hombre para que "le ayudara" (aunque Dios no necesita ayuda) a llevar a cabo el funcionamiento y su proyecto de establecer su reino aquí en la tierra. El texto dice:

> "Y los bendijo Dios, y les dijo: Fructificad y multiplicaos; llenad la tierra, y sojuzgadla, y señoread en los peces del mar, en las aves de los cielos, y en todas las bestias que se mueven sobre la tierra." (Génesis 1.28)

Así que el hombre es el que recibió el privilegio de gobernar la creación a nombre de Dios y la misión de llevar a cabo los planes del todopoderoso para esta humanidad. De allí en adelante, es que somos nombrados colaboradores de Dios (1 Corintios 3.9) ya que estamos comprometidos con una misión que nos ha dado y la debemos llevar a cabo tal y como él lo planificó.

V. Dios hizo al hombre con libre albedrío

Pero quizás lo más grande de todo, es que Dios hizo al hombre con la capacidad de poder decidir; o lo que se conoce mejor como "el libre albedrío". Dios no hizo al hombre como un robot, sino que le dio voluntad propia.

El hombre tenía la capacidad y la libertad de escoger lo que más le convenía y lo que quería hacer. Dios, en su gran amor, a nadie le impone las cosas por la fuerza, aunque bien puede hacerlo; más por decirlo así la caballerosidad de Dios es tan grande que le dio la libertad de escoger. Es por lo que uno de los textos bíblicos de mayor trascendencia en cuanto a las decisiones del hombre se lo dice Dios a Israel:

> "A los cielos y a la tierra llamo por testigos hoy contra vosotros, que os he puesto delante la vida y la muerte, la

*bendición y la maldición; escoge, pues, la vida, para que
vivas tú y tu descendencia." (Deuteronomio 30.19)*

Desafortunadamente, como ya lo sabemos, el hombre escogió el camino incorrecto y eso tuvo serias consecuencias, como veremos más adelante. Sin embargo, vale la pena mencionar y esto solo para decirle a todos aquellos que se quejan muchas veces de que les va mal en la vida y le reclaman a Dios por todas las cosas malas. Realmente, el hombre es el culpable y responsable de sus propias decisiones.

IV. La caída del hombre

Una de las cosas más tristes y dolorosas que encontramos en la Biblia, es la caída del hombre del lugar de privilegio que Dios le había dado. Todo lo que el hombre era y tenia, de repente se viene abajo y todo se derrumba. De un momento a otro; el hombre perdió todo lo que había recibido y pasó de la luz a las tinieblas. El hombre cayó de la gracia de Dios y pasó a ser un ser humano cualquiera. En esta sección analizaremos brevemente el asunto de la caída y nos enfocaremos en tres áreas de estudio; ¿Qué fue lo que causó la caída? ¿Cómo fue la caída? Y, ¿Qué consecuencias trajo la caída?

A. ¿Qué fue lo que causó la caída?

Cuando estudiamos la caída del hombre lo primero que hay que considerar es ¿Por qué sucedió? O ¿Qué lo provocó? Entonces, debemos enfocar nuestro estudio en el objeto de la caída, es decir, qué fue lo que hizo el hombre que causó su caída. Aunque podemos profundizar mucho sobre el tema, no obstante, la contestación a la pregunta anterior se resume en una sencilla oración: *"El hombre cayó porque desobedeció a Dios".* Por lo tanto, la caída se basó en la desobediencia del mandato de Dios.

Aunque el mandamiento que Dios dio al hombre y la prohibición fue realmente insignificante, si es comparada con lo que nosotros sabemos hoy respecto del pecado, no obstante, el quebrar ese mandamiento, mandó al hombre al fracaso.

> *"Y mandó Jehová Dios al hombre, diciendo: De todo árbol del huerto podrás comer; más del árbol de la ciencia del bien y del mal no comerás; porque el día que de él comieres, ciertamente morirás." (Génesis 2.16-17)*

Podemos entender por medio de este texto que el mandamiento de Dios era sencillo y no era complicado (al menos para nosotros); solamente no deberían de comer del árbol de la ciencia del bien y del mal. Debemos aclarar que el fruto prohibido, no era una manzana que se comió el hombre, y mucho menos era la relación sexual como sugieren algunos, sino que era el fruto del árbol del bien y del mal.

La palabra del bien y el mal, sencillamente se interpreta como que Dios había puesto en ese árbol, el conocimiento de lo bueno y malo. Es decir, ya Dios sabía, que ellos iban a comer de él, por lo tanto, ese árbol era como una llave para abrir el entendimiento de lo que era bueno y malo. Además, este era un árbol especial puesto de parte de Dios en el jardín exclusivamente para probar al hombre y su mujer. El mandamiento era simple y sencillo: no deberían comer de ese fruto y ya.

B. La tentación

El segundo elemento en el fracaso del hombre es precisamente la estrategia que se usó en la caída, lo que llamamos, "la tentación". El texto es claro en definir, no solo, la tentación, sino al tentador también.

> *"Pero la serpiente era astuta, más que todos los animales del campo que Jehová Dios había hecho; la cual dijo a la mujer: ¿conque Dios os ha dicho: no comáis de todo árbol del huerto?" (Génesis 3.1)*

En este pasaje bíblico podemos descubrir al menos tres cosas fundamentales que salen a relucir en la tentación. *Primero*, el tentador.

En este caso el tentador es la serpiente, quien aquí es una clara manifestación del diablo, quien utiliza a la serpiente como instrumento para poder hablarle a la mujer. *Segundo,* cómo es tentada la mujer por la serpiente antigua que es el diablo y Satanás de acuerdo con Apocalipsis 12.9, el cual ya estaba en operación desde el principio. En *tercer lugar,* el tentador le habló a la mujer y ella prestó atención a sus palabras.

Notemos que el diablo tuerce las palabras que Dios le había dado al hombre. Dios les había dicho, *"de todo árbol puedes comer, menos del árbol del bien y del mal"* sin embargo, el diablo le dijo; *"con que Dios ha dicho no comáis de todo árbol".* Podemos observar que ya en ese entonces el diablo comenzaba a hacer su obra mala y no perdió la oportunidad que aquella mujer le estaba dando al prestarle atención y oído a sus palabras engañosas.

La tentación es una de las estrategias que Satanás ha utilizado desde el principio para hacer caer al ser humano. La razón es que por medio de este instrumento el hombre puede ser seducido hasta hacerlo caer tal y como hizo con Adán y Eva. El diablo utiliza los sentidos del individuo para seducirlo, tales como la vista, la mente y los sentimientos.

C. La caída

El tercer elemento en la caída de Adán y Eva tiene que ver con el *fracaso* del hombre en sí. La razón de su importancia es que este es un evento muy significativo en la historia de la humanidad, ya que realmente establece la naturaleza del hombre, con sus fragilidades y, por otro lado, la astucia del diablo para engañar.

> *"Y vio La mujer que el árbol era bueno para comer y que era agradable a sus ojos, y árbol codiciable para alcanzar la sabiduría; y tomó de su fruto y comió; y dio también a su marido, el cual comió, así como ella." (Génesis 3.6)*

Notemos el desarrollo que llevó la caída de los primeros padres en el jardín del Edén. *Primero:* La mujer fue la victima de Satanás, pues a ella vino el tentador mostrándole lo bueno y beneficioso que era el árbol prohibido. *Segundo*: ella vio que el árbol ara bueno y agradable a los ojos y además era un medio para alcanzar la sabiduría. Esas fueron las palabras que el enemigo sembró en su corazón. *Tercero*: ella comió del fruto prohibido y *cuarto*, ella dio a su marido para que comiera también. Así fue como ambos cayeron en la trampa del diablo.

El hombre pecó desobedeciendo a Dios y por ese pecado cayó de la gracia de Dios y del lugar de privilegio que Dios le había dado. Al caer el hombre, con ello cayó esa gloria que Dios había puesto en él y el pecado fue consumado. Sencillamente el hombre le había fallado a Dios y lo primero que hizo la pareja fue ocultarse de Dios, ya que ambos sintieron vergüenza de sí mismos.

> *"Entonces fueron abiertos los ojos de ambos, y conocieron*
> *que estaban desnudos; entonces cosieron hojas de higuera,*
> *y se hicieron delantales." (Génesis 3.7)*

El otro asunto para considerar en la caída es que, a partir de ese momento, perdieron la inocencia que tenían, ya que sus ojos fueron abiertos, y pudieron conocer el bien y el mal, tal y como Dios les había dicho. Algo interesante en esta escena es que se dieron cuenta que estaban desnudos, aunque siempre estuvieron desnudos. No obstante, fue hasta que pecaron que se dieron cuenta de ello. Esta es una clara revelación de que habían perdido la inocencia.

D. Algunas consideraciones de la caída del hombre.

1. El hombre cayó por su propia decisión.

Dios hizo al hombre tan perfecto que fue esa misma perfección la que le dio la decisión de pecar o no pecar. Aunque el hombre tuvo la influencia maligna de Satanás para pecar, también podía haber resistido y no hacerlo. Dios le había dado la capacidad de poder decidir, si hacerlo o no. El ser humano siempre ha tenido esa capacidad de poder decidir para hacer el bien o para hacer el mal. En este caso, el primer hombre cayó por su propia decisión.

2. Dios no tuvo nada que ver en la caída.

Es importante mencionar que Dios no tuvo nada que ver en la caída del hombre y mucho menos él permitió que el hombre pecara. Debemos enfatizar nuevamente que el hombre tomó esa decisión de hacerlo así, pues Dios nunca permitirá el pecado, o mucho menos lo tolerará, aunque Dios sabe y conoce todas las cosas. No obstante, fue una mera decisión del hombre.

3. Las consecuencias de la desobediencia

Cuando Dios descubrió el pecado, entonces hizo un juicio sobre el hombre pecador y sobre el tentador y vemos que le dio su castigo a cada uno de ellos. El pecado trajo consecuencias irreparables en la vida de todos los involucrados.

La serpiente recibió su castigo:

> *"...maldita serás entre todas las bestias y entre todos los animales del campo; sobre tu pecho andarás, y polvo comerás todos los días de tu vida." (Génesis 3.14)*

La serpiente fue el instrumento que Satanás utilizó para tentar a la mujer y Dios la castigó, como castiga Dios a toda persona que se deja utilizar por el diablo. Algunos sugieren que antes de la caída, las serpientes no se arrastraban como hoy.

La mujer recibió su castigo:

> *"Multiplicaré en gran manera los dolores en tus preñeces; con dolor darás a luz a los hijos ..." (Génesis 3.16)*

A partir de ese momento la mujer recibió el castigo de tener el dolor físico más fuerte que puede experimentar un ser humano en el cuerpo. Dar a luz hace que la mujer sufra mucho, antes durante y aun después del parto. Una de las razones dadas por Dios puede ser, para que se acuerde de su pecado. Cada dolor es exactamente una memoria de que le falló a Dios.

El varón también recibió su castigo:

> *"Por cuanto obedeciste la voz de tu mujer y comiste del árbol de que te mandé diciendo: no comerás de él; maldita será la tierra por tu causa, con dolor comerás de ella todos los días de tu vida …" (Génesis 3.17)*

Es curioso que cuando llega al varón, Dios no lo maldice como a la serpiente, sino por lo contrario, maldice a la tierra. Una vez más mostrando el gran amor que Dios tiene por el ser humano. Algunos sugieren que la razón es porque el varón había sido creado a la imagen de Dios y por eso torna su maldición en contra de la tierra, de donde precisamente había sido tomado.

El hombre es expulsado del huerto.

> *"Y lo sacó Jehová del huerto del Edén, para que labrase la tierra de que fue tomado. Echó, pues, fuera al hombre, y puso al oriente del huerto de Edén querubines, y una espada encendida que se revolvía por todos lados, para guardar el camino del árbol de la vida. (Génesis 3.23-24)*

El juicio para el ser humano se llevó a cabo por Dios y el hombre fue echado fuera de su presencia. La Biblia dice que el hombre, por causa del pecado, perdió mucho. Perdió la imagen de Dios en él, perdió esa hermosura, esa honra y vino a ser un miserable, apartado de Dios. Además, vivió sin los privilegios que tenía antes, fue arrojado del jardín del edén y tuvo que trabajar la tierra y batallar para alimentarse.

Pero, quizás lo más terrible, fue vivir alejado de la presencia de Dios, porque eso es exactamente lo que hace el pecado en el hombre: arrojarlo y separarlo de la presencia de Dios. De allí en adelante el hombre está en una condición muy mala.

Conclusión

Concluimos este capítulo mencionando que la historia de la creación del hombre es fascinante, pero también muy triste por la caída. Sin embargo, allí no terminó todo; más adelante estudiaremos cómo hizo Dios para ayudarlo a salir del hoyo en que estaba metido.

Esperamos que este capítulo haya ayudado a comprender el lugar de gloria que tenía el hombre y la gran perdida al haber pecado.

Esperamos también que esto sirva para aprender a valorar lo que hemos recibido de Dios y aprendamos a cuidarlo; pero, sobre todo, que podamos aprender a obedecer a Dios por encima de cualquier cosa.

Capítulo 8

El pecado

≈

"Entonces Jehová le dijo: por cuanto el clamor contra Sodoma y Gomorra se aumenta más y más, y el pecado de ellos se ha agravado en extremo, ..."

(GÉNESIS 18.20)

Introducción

El pecado fue uno de los elementos que llevó al hombre a su bancarrota espiritual y por lo tanto es muy importante estudiarlo para comprender sus implicaciones teológicas y espirituales. Por lo tanto, debemos comenzar este capítulo haciendo un par de preguntas sobre este tema tan delicado. La primera es, ¿Qué es lo que realmente enseña la Biblia sobre el pecado? Y, además, otra pregunta; ¿Qué es lo que realmente creemos y aceptamos de la doctrina del pecado?

En un mundo como el que vivimos hoy, donde cada día la confusión se hace más palpable y las diferentes corrientes filosóficas, religiosas y el gran trabajo de los medios de comunicación hacen su labor, es necesario definir el pecado. En una sociedad donde es muy fácil trasmitir opiniones, conceptos y aun hasta actos pecaminosos, entonces, es de suma importancia que la Iglesia defina su posición ante una sociedad que clasifica las cosas cada día de una manera muy humana y lejos de lo que Dios enseña a través de su santa palabra.

Josh Mcdowell escribe: *"Estamos al borde de la Inmoralidad"* y afirma que muchos jóvenes en muchas ocasiones han mentido a sus padres, maestros, compañeros. Han visto programas de televisión inadecuados, han violado las reglas escolares, fumado cigarrillos, usado drogas, se han embriagado, pero quizás lo más sorprendente es que más del 50% de los jóvenes han manoseado a alguien o hasta han tenido sexo y sus padres ni siquiera se han enterado.[28]

En este capítulo trataremos de definir lo que realmente significa pecado, tomando en consideración las Sagradas Escrituras, así como algunos conceptos teológicos al respecto. Además, aprenderemos sobre el origen del pecado y su influencia en el ser humano.

I. Algunas Definiciones Del Pecado

Para poder entender mejor el significado del pecado, es conveniente que estudiemos primeramente algunas definiciones así tendremos un horizonte más amplio de lo que queremos decir. La razón es simple, tal y como decíamos en la introducción, tal vez lo que sea pecado para uno, no sea para el otro; entonces, basado en esa manera de pensar es que se hace necesaria una definición completa del asunto.

A. Definición de palabras

1. La Real Academia de la lengua señala que pecado es una palabra que proviene del latín *peccātum* y puede tener las siguientes acepciones:

    a.   Trasgresión voluntaria de preceptos religiosos.
    b.   Cosa que se aparta de lo recto y justo, o que falta a lo que es debido.
    c.   Exceso o defecto en cualquier línea.[29]

---

[28] Josh Mcdowell, *Es bueno o Es malo*, (El paso, TX: Editorial Mundo Hispano, 1996), 19-20.

[29] *Real Academia Española*, (Madrid, España: Vigésima segunda edición, 2006).

Entonces, basados en una simple definición, podemos describir que el pecado es una transgresión voluntaria de alguna ley establecida y que aparta de lo recto y bueno al que lo lleva a cabo.

2. Para los griegos, la palabra pecado, proviene de la palabra *"hamartía"* y se puede traducir como: "fallo de la meta, no dar en el blanco".

Esta es la frase que comúnmente se usa en los círculos cristianos. Aunque esta palabra tiene una connotación más liviana, no por eso deja de tener sus implicaciones negativas. Sin embargo, suaviza el contenido de la definición.

3. El diccionario Larousse por su parte lo traduce como: "trasgresión de la ley divina".[30]

Y aquí podemos ver que esta traducción le da un enfoque teológico ya que el pecado en realidad tiene una implicación teológica y no es solamente un asunto de hacer algo malo en relación de lo bueno.

4. El Diccionario de Términos Teológicos la define así: "Es la fundamental falta de creencia, desconfianza y rechazo de Dios y del desplazamiento humano de Dios como centro de la realidad".[31]

5. Algunas otras traducciones del Diccionario Etimológico y Concordancia Bíblica de Strong, son las siguientes:

- *Kjataá*. Significa una ofensa. Gen. 20:9
- *Asham*. Lo traduce como culpa. Gen. 26:10
- *Avón*. Se traduce perversidad. Ex. 28: 43
- *Kjatá*. Significa Errar. Lev. 5: 1
- *Hamartía*. También, al igual que *Kjatá*, es errar al blanco. Mat 1: 21, 2:5, 2: 7

---

[30] *Diccionario El pequeño Lalousse Ilustrado.* (México, D.F.: Edicion Larousse, 2005).
[31] Stanley J. Grenza, David Guretzki y Cherith Fee Nordling. *Términos teológicos,* (El Paso, TX: Editorial Mundo Hispano, 2006).

- *Paraptoma.* Se traduce como error o trasgresión. Ef. 1: 7
- *Agnóema.* Esta palabra lo traduce como debilidad o flaqueza. Heb. 9: 7[32]

B. El concepto de pecado

Para el cristianismo, el pecado es el alejamiento del hombre de la voluntad de Dios, que aparece recogida en los libros sagrados (la Biblia). Cuando las personas violan algunos de los mandamientos divinos, cometen un pecado.

El uso del término pecado no es privativo de las personas religiosas, aunque en el caso de los ateos y los agnósticos suele existir un grado de comprensión mucho menor de las características y las consecuencias de una infracción de esta naturaleza. De hecho, para quienes no abrazan ninguna religión, es posible utilizar esta palabra con total ligereza, incluso en tono de burla, mientras que un cristiano, por ejemplo, conoce en detalle el peso y el contenido del concepto.

Debe distinguirse un pecado de un delito: el primero decepciona a Dios, como creador de la vida; el segundo, en cambio, implica el incumplimiento de una serie de normas establecidas por el propio ser humano. Si bien una misma acción puede caer en ambas clasificaciones, si el responsable es una persona religiosa, no solamente deberá pagar la pena que decida un juez, sino que sufrirá por haber faltado a su máxima autoridad, a Dios, y eso le pesará mucho más que el padecer mundano.

Fuera del ámbito religioso, ciertos excesos o defectos suelen ser considerados como pecados; por ejemplo, se dice que desperdiciar comida es un pecado, dado que vivimos en el mismo planeta que los millones de personas que mueren de hambre.

---

[32] James Strong. *Nueva Concordancia Strong Exhaustiva*, (Nashville, TN 2002).

II. El Origen Del Pecado

Quizás la gran incógnita de todos los tiempos para el hombre común es; ¿de dónde proviene el pecado?, ¿Por qué la gente es mala? Y aunque queramos aceptarlo o no, la gente común no entiende muchas veces la realidad del pecado y la maldad. Sin embargo, la Biblia tiene la respuesta a esta gran interrogante. Aunque ya vimos un poco sobre este tema en el capítulo anterior cuando hablamos de la caída del hombre, no obstante, conviene que ampliemos un poco el significado y sus repercusiones teológicas y escatológicas.

A. *El pecado no viene de Dios*

Algunas personas en su frustración culpan a Dios de todo lo que le pasa al hombre y hasta se atreven a decir que Dios es el responsable de todo, sin embargo, sabemos que no es así. Lo primero que debemos entender es que el pecado no viene de Dios y mucho menos que él lo haya creado. Algunos escritores y hombres en la Biblia mencionaron lo siguiente con respecto al pecado y su relación con Dios.

> Job llegó a decir: *"Lejos esté de Dios la impiedad y del omnipotente la iniquidad" (Job 34.10)*

> El profeta Isaías dijo: *"él es un Dios santo, ..." (Isaías 6.3)* y Moisés dijo: *"no hay en él ninguna injusticia ..." (Deuteronomio 32.4)*

Dios dijo de sí mismo: *"habéis de serme santos, porque yo Jehová, soy santo ... (Levítico 20.26)* Cuando se le apareció a Moisés en medio de la zarza, le mandó diciendo: *"Quita el calzado de tus pies, porque el lugar que pisas, santo es". (Éxodo 3.5)*

Dios es un Dios santo y el pecado, la impiedad y la maldad están lejos de su presencia y él no pudo haber creado esos pecados. Cuando él creo al hombre lo hizo limpio, puro y sin mancha; y le dio un parecido a él. Lo hizo a imagen y semejanza de Dios, tal y como decíamos en el capítulo anterior.

Louis Berkhof dice que: *"Dios no puede ser considerado como el autor del pecado"*. Y agrega: *"verdaderamente Dios odia al pecado*[33]. De aquí se desprende otro punto de gran relevancia y es la acción *permisiva* de Dios que va de la mano con el pensamiento que a veces hemos escuchado por allí: ¿Por qué Dios permitió el pecado? O este otro: si Dios sabía que el hombre iba a fallar, ¿por qué lo permitió? La verdad de todo esto es que Dios en realidad no permitió el pecado, sino más bien Dios le dio al hombre la capacidad de escoger entre lo que más le convenía, pero el hombre escogió pecar.

B. El pecado comenzó en el mundo espiritual

Aunque muy frecuentemente nos referimos al inicio del pecado como el pecado de Adán y Eva, realmente debemos reconocer que el pecado ocurrió mucho antes de ellos. El pecado comenzó con la rebelión de Satanás en el cielo, al querer este ser igual a Dios y al engañar a muchos ángeles y llevárselos con él. Aunque el tiempo no se conoce muy bien, al menos sabemos algunas cosas, por ejemplo, lo que Jesús dijo:

> *"él ha sido un homicida desde el principio ..." (Juan 8.44)* refiriéndose al diablo y también otro texto dice que, *"el diablo peca desde el principio" (1 Juan 3. 8)*

Y este principio debe entenderse que es el principio de las cosas terrenales y aun del mismo hombre.

Entonces el pecado comienza con el diablo "en el mundo espiritual" porque sucedió en ese mundo inmaterial, donde el ser humano no puede ver allá en el principio de las cosas. Por eso el apóstol Juan dice lo siguiente:

> *"Hijitos, nadie os engañe, el que hace justicia es justo, como él es justo y el que practica el pecado es del diablo; porque el diablo peca desde el principio." (1 de Juan 3.7-8)*

---

[33] Louis Berkhof. *Op. cit.*, 261-262.

La influencia del diablo es muy grande sobre los hombres para que pequen. Siempre ha sido así desde el principio y este "principio" lo explica muy bien Matthew Henry en su comentario cuando dice, que:

> "...el diablo está en continua actitud de pecado, y este principio se refiere no al tiempo o cuando el diablo fue creado, sino más bien desde el momento en que se rebeló en contra de Dios, y es allí donde comenzó a ser diablo. [34]

El profeta Ezequiel arroja aún más luz todavía respecto a este caso cuando dice:

> "Cómo caíste del cielo, oh, Lucero, ¡hijo de la mañana! Cortado fuiste por tierra, tú que debilitabas a las naciones. Tú que decías en tu corazón: Subiré al cielo; en lo alto, junto a las estrellas de Dios, levantaré mi trono, y en el monte del testimonio me sentaré, a los lados del norte; sobre las alturas de las nubes subiré, y seré semejante al Altísimo. Mas tú derribado eres hasta el Seol, a los lados del abismo." (Isaías 14.12-15)

Al ser derribado Satanás y haber concebido el pecado o esa rebelión en contra de Dios, se volcó a influenciar a la humanidad con esa misma naturaleza que lo caracteriza. Entonces, segado por su maldad y lleno de orgullo y vanidad, Satanás se volcó hacia la tierra para vaciar todo ese veneno que traía consigo y así, de esa manera, comenzó una gran rebelión en contra del Creador. Fue de esa manera, dando a conocer su naturaleza malévola y dándose así el título de *padre de mentira* y el autor de todo pecado.

III. El Pecado Y Su Impacto En El Hombre

Como mencionamos en el capítulo anterior, los primeros padres (Adán y Eva) fueron tentados por el diablo para que desobedecieran a Dios; y para que de esa manera se infiltrara el pecado en la humanidad. El

---

[34] Mattew Henry. *Comentario bíblico, traducido y adaptado por Francisco Lacueva,* (Terrassa, Barcelona: Editorial CLIE, 1999), 1888.

pecado produjo un impacto grande en la vida del hombre. Debido a este mal, el hombre sufrió un cambio considerable en su vida y en otras áreas de su existencia.

A. El pecado afectó su persona y su ser

El pecado afecta el espíritu del hombre, su alma, su cuerpo, su conciencia y sus emociones. Cuando Adán y Eva pecaron se dieron cuenta que estaban desnudos y se cubrieron (Génesis 3: 7). Le tuvieron miedo a Dios y se escondieron de él. Indudablemente ellos tenían ahora un miedo del Dios Santo pues se les abrieron los ojos para entender la diferencia entre ellos y Dios; ahora, entre su pecaminosidad y la santidad de Dios.

B. El pecado afectó la imagen de Dios en ellos.

Ahora habían perdido la imagen de Dios en ellos, aunque hay algunas propuestas a esto. Algunos como Lutero sostienen que la perdieron por completo, mientras que otros dicen que solamente se deterioró esa imagen en el hombre por causa del pecado.

Francisco Lacueva lo explica de la siguiente manera: "por el pecado la imagen de Dios quedó deteriorada, aunque no borrada del todo" y agrega:

> "Perdieron la comunión con Dios, huyendo de Él; pero también se desconocieron a sí mismos, avergonzándose de su propio cuerpo y sintiendo dentro de sí la rebelión de los instintos".[35]

Ellos ya no eran los mismos pues ahora la imagen de Dios en ellos estaba manchada, afectada, deteriorada.

---

[35] Francisco Lacueva. *Ética Cristiana*; (Barcelona, España: Editorial CLIE, 1975), 128.

C. El pecado afectó su relación con Dios

Al ser expulsados del Paraíso, fueron también arrojados de la presencia de Dios; por lo tanto, esa relación que tenía el hombre con Dios también fue afectada, pues el pecado crea una gran separación entre Dios y el hombre. La Biblia dice lo siguiente:

> "Y lo sacó Jehová del huerto del Edén, para que labrase la tierra de que fue tomado." (Génesis 3. 23) y agrega, "Echó pues fuera al hombre ..." (Génesis 3.24)

El comentarista bíblico Mattew Henry lo dice de la siguiente manera:

> Su relación con Dios quedó derogada y perdida, y aquella comunicación que había sido establecida entre el hombre y su Hacedor quedó interrumpida.[36]

Es importante recalcar que la repercusión más significativa que tuvo el hombre al pecar fue la de ruptura de la relación con Dios. Como explicamos en el capítulo anterior, Dios había creado al hombre para tener intimidad con él y para poder vivir en comunión con el ser humano, no obstante, al caer en pecado el hombre perdió esa añorada comunión.

D. El pecado afectó su futuro eterno

En último lugar, uno de los efectos más grandes y de proporciones escatológicas del pecado fue el hecho de que el hombre también quedara separado de Dios eternamente. Aunque este pensamiento lo estaremos ampliando más adelante, vale la pena mencionar que uno de los efectos más graves del pecado, es que, si no se hace algo para remediarlo, puede mandar a la condenación eterna al individuo. La Biblia dice:

> "Por cuanto todos pecaron y están destituidos de la gloria de Dios." (Romanos 3.23)

---

[36] Mattew Henry, *Op. cit.*, 24.

El hombre no solo había quedado fuera del jardín del Edén, sino que también había abierto las puertas de su propia condenación eterna. El pecado trae separación de Dios y muerte tal y como dice la misma Biblia;

> *"Porque la paga del pecado es muerte, más la dádiva de Dios es vida eterna en Cristo Jesús Señor nuestro".*
> *(Romanos 6.23)*

Al pecar estaba en juego su futuro eterno, por lo tanto, desde el principio de la humanidad se establece por parte del creador la forma cómo librar al hombre de ese destino.

Conclusión

Concluimos este capítulo mencionando que el pecado es un cáncer en el ser humano. Sin embargo, lo más grande de todo esto es saber que Dios no se quedó sin hacer nada por el hombre, sino que también dio la solución para lidiar con el pecado del hombre, proveyendo la salvación de este como veremos en el siguiente capítulo.

> *"...Pero Dios, que es rico en misericordia, por su gran amor con que nos amó, aun estando nosotros muertos en pecados, nos dio vida juntamente con Cristo (por gracia sois salvos), y otra vez; Mas Dios muestra su amor para con nosotros, en que, siendo aún pecadores, Cristo murió por nosotros." (Romanos 5.8)*

El mismo Señor Jesucristo dice de sí mismo:

> *"Porque el Hijo del Hombre vino a buscar y a salvar lo que se había perdido". (Lucas19.10)*

Capítulo 9

El plan de salvación

≈

"Porque de tal manera amó Dios al mundo, que ha
dado a su Hijo unigénito, para que todo aquel que en
él cree, no se pierda, más tenga vida eterna".

(JUAN 3.16)

Introducción

El tema de la salvación es muy importante en el cristianismo, ya que en él podemos ver el amor y la obra de Dios en su máxima expresión. Además, es de suma importancia comprenderlo por todos los cristianos, ya que nos recuerda de donde nos sacó Cristo y de lo que nos libró.

Considero que todos en alguna ocasión hemos hablado u oído hablar de la salvación. Aún más, creo que la mayoría de las personas tienen la esperanza de la salvación del alma. Es por eso, que, sin lugar a duda, el estudio de la salvación debe de ser uno de los temas más importantes del cristianismo y debiera ser una de las preocupaciones mayores para todo hijo de Dios. Por lo tanto, en este capítulo estudiaremos la necesidad de la salvación en el ser humano. Veremos de qué nos ha salvado Dios, y cuáles son los requisitos puestos por Dios para alcanzar esa salvación.

I. La necesidad de la salvación

Para poder entender el tema de la salvación es necesario plantear algunas preguntas fundamentales, tales como: ¿Qué es la salvación?; ¿Por qué necesitamos la salvación? Y ¿Qué debemos hacer para ser salvos? Mientras el hombre no entienda que necesita ser salvo, será casi imposible que busque una salvación.

A. ¿Por qué necesitamos la salvación?

Quizás la pregunta obligada para todo estudioso o interesado en su vida tiene que ser, ¿Por qué se necesita la salvación? La necesidad de la salvación comienza al entender que la paga del pecado es la muerte. Eso es lo que la Biblia enseña.

> *"Porque la paga del pecado es muerte, más la dádiva de Dios es vida eterna en Cristo Jesús Señor nuestro."*
> *(Romanos 6.23)*

En otras palabras, el pecado produce no solo destrucción en el ser humano, sino muerte y perdición. La muerte, debe entenderse primeramente como la muerte física, pero también esa muerte tiene repercusiones escatológicas. Es decir, tiene consecuencias eternas. Por lo tanto, la primera necesidad del hombre es la de ser salvo de la muerte.

El otro asunto para considerar es el por qué necesitamos la salvación y este tiene que ver con la condenación del alma del individuo.

Hay una verdad muy lamentable, y esa es que el fin para el pecador será la condenación eterna. Nuestro Señor Jesucristo lo puso bien claro cuando vino a este mundo y planteo el tiempo venidero.

> *"...porque vendrá hora cuando todos los que están en los sepulcros oirán su voz; y los que hicieron lo bueno, saldrán a resurrección de vida; más los que hicieron lo malo, a resurrección de condenación."* (Juan 5.28-29).

Aunque este punto lo ampliaremos más adelante, vale la pena mencionar que va a venir un día en el que todas las personas han de comparecer ante Dios para dar cuenta de sus acciones, ya sean estas buenas o malas. Si fueron buenas recibirán el premio de la vida eterna y si fueron malas, entonces recibirán condenación.

1. La realidad de la vida

Hay una realidad que por mucho que queramos no podemos evitar, y esa es que "un día vamos a morir", que no somos eternos en este mundo. La Biblia dice que el hombre es como la flor de la hierba, que sale en la mañana y en la tarde ya no existe (Salmos 105.15). Pero hay otra realidad, y es que la vida no termina cuando morimos, sino todo lo contrario, es allí donde realmente comienza la eternidad. Por lo tanto, si nuestro comportamiento fue bueno, gozaremos de la salvación, pero si fue malo, entonces nos espera la condenación.

B. ¿A dónde van los muertos?

Pero morir quizás no sea un problema, pero la pregunta obligada seria; ¿A dónde van los muertos? Siempre hemos oído comentarios respecto al futuro de las personas cuando mueren. Hay personas que creen que cuando alguien muere, va a la sepultura y allí termina todo; otros, creen que va a un lugar intermedio, pero la verdad es que eso no es así.

La Biblia tiene la respuesta para esta interrogante. El escritor sagrado lo expone de esta manera:

> "Todo va a un mismo lugar; todo es hecho del polvo, y todo volverá al mismo polvo." (Eclesiastés 3.20) y agrega: "y el polvo vuelva a la tierra, como era, y el espíritu vuelva a Dios que lo dio." (Eclesiastés 12.7)

Debemos establecer que el hombre es un ser tripartito, es decir, compuesto de cuerpo, alma y espíritu. Esta visión del ser humano puede variar de acuerdo con la tradición religiosa. En la mayoría de los casos, los cristianos convienen en que el ser humano está compuesto de tres partes, Espíritu, Alma y Cuerpo. Cuando uno muere, cada parte de uno va a un lugar diferente, como lo explicamos a continuación.

1. El cuerpo va a la sepultura.

De acuerdo con Eclesiastés 12.7 el cuerpo va a la sepultura, o sea a la tierra que es de donde salió. De allí que la práctica cristiana es de sepultar a los muertos; y usualmente no contempla la cremación o cualquier otro fin del cuerpo.

2. El espíritu va a Dios.

De acuerdo con el mismo pasaje de Eclesiastés 12.7 El espíritu regresa a Dios quien lo dio. Este espíritu, es ese soplo de vida que Dios dio cuando fuimos hechos del polvo de la tierra. Ese aliento de vida usualmente regresa a Dios. Un dato curioso es aquel cuando Cristo estaba en la cruz del calvario y llegó a su fin aquí en la tierra, el texto dice que "entregó el espíritu" cf. Mateo 27.50 y Juan 19.30.

3. El alma va a donde le corresponde.

Por último, el ama va a donde le corresponda. El alma debe entenderse como el verdadero individuo, y, por ende, la parte eterna del ser humano. La mayoría conviene en que el alma es el resultado de la unión del cuerpo y el espíritu. De acuerdo con la Biblia solamente hay dos lugares a donde van las almas de los muertos; al menos, esto fue lo que Jesús estableció.

> "...porque vendrá hora cuando todos los que están en los sepulcros oirán su voz; y los que hicieron lo bueno, saldrán a resurrección de vida; más los que hicieron lo malo, a resurrección de condenación." (Juan. 5.28-29)

Es necesario establecer que hay dos lugares reservados para los seres humanos. Estos tradicionalmente los hemos definido como el cielo y el infierno. Sin embargo, en este punto vamos a clarificar bien estos conceptos, ya que la Biblia habla también del lago de fuego como el castigo final de los inicuos.

Para entender mejor el futuro del hombre después de muerto, Jesús utiliza una parábola, la cual muestra algunos de los detalles acerca de lo que sucederá después que el hombre deje este mundo. Esta es la parábola del rico y Lázaro, Lucas 16: 19-31. En esta parábola el Señor Jesús ilustra de forma detallada el proceso de la vida del hombre y cómo serán las cosas después que el hombre muere, para que nosotros tengamos una idea.

4. Solo hay dos lugares

La parábola del rico y Lázaro habla de dos hombres con diferentes suertes en el mundo, uno rico y otro pobre. El rico hacía muchas fiestas todos los días, mientras que el mendigo estaba a su puerta mendingando y tratando de comer de lo que el rico tiraba a la basura. Sin embargo, un día murieron los dos, ya que la muerte no hizo diferencia entre el rico y el pobre.

Lo interesante de la historia, es que muere el mendigo y fue llevado por los ángeles al seno de Abraham. Curiosa y simultáneamente, también muere el rico, y fue sepultado. Inmediatamente aprendemos del relato de Jesús, que aquí comienza la gran diferencia. Mientras el hombre rico es sepultado, el mendigo fue llevado por los ángeles al seno de Abraham.

Uno de los versos de la parábola ilustra los dos lugares y la condición en que se encuentran

> *"Y en el Hades alzó sus ojos, estando en tormentos, y vio de lejos a Abraham, y a Lázaro en su seno." (Lucas 16: 28)*

Aquí podemos ver que Jesús habla de dos lugares. El seno de Abraham y el Hades.

a. **El seno de Abraham**. El Seno de Abraham es el lugar a donde iban las almas de los justos en el Antiguo Testamento antes de la resurrección de nuestro Señor Jesucristo.

b. **El Hades**. Este lugar significa: La región de los espíritus perdidos. Esta palabra está escrita en griego y es la transliteración de la palabra hebrea *Seol*. Que quiere decir insaciable y era considerado en el Antiguo Testamento como lugar de olvido para los impíos. El *Hades* en griego ha sido traducido como sepultura, infierno, abismo, etc. Se cree, por el relato bíblico que el Seol contenía tanto el abismo donde estaban los injustos, como el seno de Abraham en la parte superior donde estaban los justos. Precisamente a ese lugar fue llevado el mendigo.

5. Las características de cada lugar.

Es importante resaltar que Jesús muestra no solo el futuro de estos dos individuos, sino las características de cada lugar donde se encuentran ambos. El Hades era un lugar de tormento, mientras que el seno de Abraham era un lugar de reposo.

Podemos aprender del relato que el rico estaba en tormentos (v. 23), con sed y en una llama (v.24) mientras que el mendigo era consolado (v. 25). En otras palabras, cada uno había ido al lugar que le pertenecía y para recibir lo que merecía.

6. El tiempo en que suceden estas cosas

El otro elemento para considerar es el tiempo en que suceden las cosas. Contrario a lo que algunas religiones piensan que el hombre cuando muere va al purgatorio para purificar sus almas, Jesús nos enseña todo lo contrario con esta parábola. Cabe notar que esto sucedió inmediatamente después de que murieron los dos hombres, cada uno se fue a su lugar correspondiente. Esto nos indica que Dios no tarda su palabra en lo que a esto se refiere.

7. El caso del ladrón que se arrepintió.

En la Biblia también hay otro caso en el cual se encuentra otra referencia respecto a los dos lugares a donde van las almas de los humanos después que mueren y al tiempo en que suceden estas cosas.

Cuando Jesús fue crucificado había dos ladrones crucificados con El, uno a cada lado, y mientras uno de ellos blasfemaba, el otro clamó a Jesús y le dijo: *"acuérdate de mí cuando vengas en tu reino". (Lucas 23.42)*

Podemos ver que este ladrón se arrepintió en el último momento y clamó por misericordia a Jesús, por lo que Cristo le contestó: *"Hoy mismo estarás conmigo en el paraíso". (Lucas 23.43)*

Notemos en cuanto al tiempo que ese encuentro de Jesús con el ladrón sucedería ese mismo día.

Es interesante notar que Jesús utiliza aquí una palabra diferente para indicar el lugar a donde iría aquel ladrón arrepentido y es: "paraíso". Del griego *Paradeisos.* Palabra de origen persa, que significaba originalmente un parque protegido con cerca o un terreno destinado al recreo y placer; o sea un sitio de dicha y buenaventura fuera de este mundo.

Notemos que Jesús le dijo: hoy estarás conmigo en el paraíso. Entonces, por un lado, Jesús habla del "Seno de Abraham" al cual fue el mendigo y aquí utiliza paraíso para referirse al lugar donde iría a mirarse con el ladrón.

En consecuencia, la pregunta que surge de esto es, ¿Es el mismo lugar? O ¿son dos lugares distintos? Para no desviarnos demasiado diremos que el seno de Abraham era ese lugar antiguo donde iban los justos, pero después que Cristo resu-citó, ese lugar fue elevado a una dimensión más alta llamada el paraíso. Leer Efesios 4.8-9 y ver nota al pie[37].

Regresando a nuestro tema, el Apóstol Pablo también enseña sobre el paraíso y dice:

> *"Conozco a un hombre en Cristo que hace 14 años fue arrebatado al tercer cielo. Y conozco a tal hombre, si en*

---

[37] En cuanto al **infierno**, no debemos confundirlo con el **lago de fuego** (Apocalipsis 19.20; 20.10; 20.14; 20. 15) pues este es el castigo final y eterno donde la bestia (anticristo) el falso profeta, la muerte y aun el mismo Hades van a ser lanzados por Dios para ser castigados eternamente.

el cuerpo o fuera del cuerpo no lo sé, pero fue arrebatado
al paraíso, donde oyó palabras inefables que no le es dado
al hombre expresar." (2 Corintios 12.2-4)

Note que aquí el Apóstol utiliza dos palabras que son: Tercer cielo y Paraíso. Además, usa las dos palabras para referirse al mismo lugar. Entonces, concluimos que, en efecto, hay un lugar de consuelo y de reposo para las almas que sirvieron a Dios, y un lugar de tormento para aquellas que no. El Señor Jesús utiliza la misma palabra *paraíso* cuando dice:

"al que venciere le daré a comer del árbol de la vida que
está en medio del paraíso de Dios." (Apocalipsis 2.7)

Es necesario establecer en este punto, que lo antes mencionado no se está refiriendo al lago de fuego como explicamos arriba y mucho menos al destino final de los santos, los cuales han de vivir con Cristo en la Nueva Jerusalén, Apocalipsis 21.1-2. El infierno y el paraíso son lugares temporales en los que los justos y los pecadores que mueren han de esperar el juicio final de todas las almas; en el caso de los cristianos será el rapto de la Iglesia, como veremos más adelante.

Concluimos este punto afirmando que necesitamos la salvación de nuestras almas para poder ir al lugar de reposo con nuestro Señor Jesucristo y para que nuestra alma no se pierda en el infierno.

II. La doctrina de la salvación

La doctrina de la salvación se basa en el gran amor de Dios por salvar al hombre del castigo eterno y de la muerte. La Biblia nos habla de que Jesucristo es el medio para alcanzar la salvación. En la Biblia encontramos que Dios tuvo que dejar su trono de gloria y hacerse semejante a nosotros, pagar el precio por nuestros pecados y morir clavado en la cruz. Algunos textos de las escrituras nos plantean el asunto de la salvación que Cristo vino a traer a la humanidad.

"Porque el Hijo del Hombre ha venido para salvar lo que se había perdido." (Mateo 18.11)

"Al que oye mis palabras, y no las guarda, yo no le juzgo; porque no he venido a juzgar al mundo, sino a salvar al mundo." (Juan 12.47)

"Jesús le dijo: Hoy ha venido la salvación a esta casa; por cuanto él también es hijo de Abraham. Porque el Hijo del Hombre vino a buscar y a salvar lo que se había perdido." (Lucas 19.9-10)

La doctrina de la salvación es un tema que requiere un estudio y análisis profundo, ya que contiene muchas áreas que deben de ser consideradas cuando se aborda el tema, sin embargo, por causa de espacio y el objetivo de este libro, solo trataremos el tema brevemente.

A. La base de la salvación

Si la salvación es tan importante como se ha dicho, entonces la pregunta que surge al respecto es *¿Qué debemos hacer para ser salvos?* Esta pregunta se la hizo el carcelero de Filipos al apóstol Pablo, cuando este estaba prisionero y cuando los presos aparentemente se habían escapado y este hombre se quiso quitar la vida. Sin embargo, Pablo estaba allí con los presos y nadie se había escapado, el texto bíblico dice:

"y sacándolos, les dijo: Señores, ¿qué debo hacer para ser salvo? Ellos dijeron: Cree en el Señor Jesucristo, y serás salvo, tú y tu casa." (Hechos 16: 30-31)

Esta es la pregunta que ha sacudido a la mayoría de las personas que han oído el mensaje del evangelio y que han entendido la necesidad de la salvación. ¿Qué es lo que debemos hacer para ser salvos?

B. El plan de salvación

Por lo antes mencionado, Dios ha establecido un plan por medio del cual el hombre alcance la salvación y sea librado de la eterna condenación. Aunque dicho plan puede variar conforme a la tradición religiosa, la mayor parte del mundo cristiano conviene en cinco pasos fundamentales tomados de la Biblia por los cuales el ser humano puede alcanzar la salvación de sus almas.

Primer paso. Debes reconocer que eres pecador.

El primer elemento en el proceso de salvación es aceptar y reconocer que uno es pecador. Desde el momento en que el hombre cayó en el Edén, de allí en adelante toda la raza humana también cayó y por lo tanto somos pecadores. La Biblia dice: *"Por cuanto todos pecaron (…) están destituidos de la gloria de Dios." (Romanos 3.23)*

Toda la raza humana ha pecado y necesita ser redimida por Jesucristo. Otro texto menciona lo siguiente:

> *"Como está escrito: No hay justo, ni aun uno; No hay quien entienda, No hay quien busque a Dios. Todos se desviaron, a una se hicieron inútiles; No hay quien haga lo bueno, no hay ni siquiera uno." (Romanos 3.10-12)*

Todo mundo es pecador, porque trae arrastrando el pecado original y se debe reconocer que uno es pecador.

Segundo paso. Debes aceptar a Jesucristo como tu salvador personal.

El segundo elemento en el proceso de la salvación es aceptar que solo hay uno que pudo pagar el precio por nuestras almas. Ese es Jesucristo, quien dio su vida por nosotros.

> *"Palabra fiel y digna de ser recibida por todos: que Cristo Jesús vino al mundo para salvar a los pecadores, de los cuales yo soy el primero." (1 Timoteo 1.15)*

Jesús vino al mundo a salvar a los pecadores y en su nombre tenemos la salvación como dice la escritura.

> *"Y en ningún otro hay salvación; porque no hay otro nombre bajo el cielo, dado a los hombres, en que podamos ser salvos." (Hechos 4.11-12)*

Sin embargo, una de las cosas que todo aquel que quiera ser salvo indefectiblemente tiene que aceptar a Jesucristo en su corazón, seguirle y servirle. Juan lo explica de la siguiente manera,

> *"A lo suyo vino, y los suyos no le recibieron. Mas a todos los que le recibieron, a los que creen en su nombre, les dio potestad de ser hechos hijos de Dios;" (Juan 1.11-12)*

Jesucristo vino a conquistar los corazones, sin embargo, hay que aceptarlo en el corazón voluntariamente, pues él es el único que nos puede salvar.

Tercer paso. Debes arrepentirte de todo corazón.

El tercer elemento en el proceso de salvación es el arrepentimiento. Ese precisamente fue el centro de la predicación de Jesucristo como veremos más abajo y también el centro de la predicación de los apóstoles. Así fue como Pedro les dijo a sus oyentes:

> *"Arrepentíos, y bautícese cada uno de vosotros en el nombre de Jesucristo para perdón de los pecados; y recibiréis el don del Espíritu Santo". (Hechos 2.38)*

Si podemos observar en este texto de la predicación de Pedro, el arrepentimiento es puesto por delante del bautismo y también aclara el propósito de este; es parte del proceso "para perdón de los pecados"

El otro elemento para considerar sobre el arrepentimiento es la relación que tiene con la muerte. La Biblia dice que la paga del pecado es muerte (Romanos 6.23), en otras palabras, el ser humano debe morir por sus pecados cometidos, sin embargo, en lugar de morir, Dios le ha dado al hombre que se arrepienta y se bautice y eso significa morir y volver a nacer. Entonces, el *arrepentimiento* es un requisito fundamental ya que significa que el creyente muere a sus pecados, a sus costumbres pecaminosas y vive para Cristo.

Cuarto paso. Debes bautizarte.

El cuarto elemento en el proceso de salvación es el asunto de la entrada o el nuevo nacimiento, como decíamos en el punto anterior. Nadie puede entrar al reino de Dios y de Cristo sin antes pasar por la puerta de entrada. Esta puerta es el bautismo o mejor conocido como el nuevo nacimiento. Aunque más adelante estaremos tratando este tema, baste por ahora mencionar que el bautismo es un requisito para la salvación.

Jesús estableció el requisito del bautismo para todo aquel que quiera entrar en el cielo. Eso lo vemos cuando le dijo a Nicodemo:

> *"De cierto, de cierto te digo, que el que no naciere de nuevo, no puede ver el reino de Dios." (Juan 3.3)* Además lo estableció para todas las personas sin acepción, *"El que creyere y fuere bautizado, será salvo; más el que no creyere, será condenado" (Marcos 16.16).*

Quinto paso. Debes vivir una vida de santidad.

Por último, todo aquel que quiera ser salvo, indefectiblemente debe de vivir en santidad. La Biblia dice:

> *"Seguid la paz con todos, y la santidad, sin la cual nadie verá al Señor." (Hebreos 12: 14)*

La palabra santidad quiere decir apartado de las cosas malas para servir a Dios. Dios reclama un pueblo santo para él, alejado del mundo y sus placeres. El verdadero cristianismo vive en santidad, ya que somos luz en este mundo. Aunque más adelante se explorará este punto, por ahora solo diremos que una vida no santa puede robarle al cristiano la salvación.

Conclusión

Concluimos este capítulo resaltando la necesidad de entender que Dios ha hecho una obra grande al habernos redimido de nuestros pecados y habernos entregado el regalo más grande: "La salvación de nuestras almas". Es por lo que, como hijos de Dios debemos siempre cuidarla con temor y temblor, pero sobre todo con mucho amor, pues el precio fue muy alto.

Capítulo 10

El arrepentimiento

≈

"Así que, arrepentíos y convertíos, para que sean
borrados vuestros pecados; para que vengan de la
presencia del Señor tiempos de refrigerio."

(HECHOS 3: 19)

Introducción

El arrepentimiento es un tema que muchas veces se deja de lado cuando se habla de la vida cristiana. Sin embargo, es uno de los temas medulares en el proceso de conversión de un cristiano. Es cierto que hay muchas iglesias que quizás no le prestan atención, no obstante, se debe de enseñar como parte de la doctrina cristiana. Es por esa razón que en este capítulo estaremos hablando sobre la importancia, el significado y el impacto del arrepentimiento en la vida de los creyentes.

I. Definición

En nuestra lengua castellana, *arrepentimiento* significa *pesar o dolor por haber hecho algo malo.* Sin embargo, la palabra *Metanoia*, en griego significa: *"Cambio total de actitud y de manera de pensar y accionar".* En realidad, el arrepentimiento significa un cambio de mentalidad. Wayne A. Grudem lo amplia y lo traduce de la siguiente manera:

"El arrepentimiento es una tristeza sentida de corazón por causa del pecado, una renuncia al pecado y un propósito sincero de olvidarlo y caminar en obediencia a Cristo".[38]

II. La importancia del arrepentimiento

El arrepentimiento es la clave para una buena conversión al cristianismo. Este es un tema que va ligado al bautismo y al nuevo nacimiento y por lo tanto se le debe prestar mucha importancia en la vida cristiana. Por lo tanto, debemos considerar que nadie debiera bautizarse sin antes asegurarse que ha tenido un verdadero arrepentimiento.

A. La enseñanza del arrepentimiento

El arrepentimiento fue predicado y exigido fuertemente por nuestro Señor Jesucristo. Básicamente era uno de los tópicos del que más hablaba en sus giras de predicación. La frase típica de Jesús era:

"...Arrepentíos, porque el reino de los cielos se ha acercado." (Mateo 3.2; Mateo 4.17; Marcos 1.15).

Así Jesús iba de pueblo en pueblo anunciando las buenas nuevas del reino y promoviendo un cambio radical en la vida de las personas.

Pero no solo Cristo, sino que los apóstoles también asumieron esa práctica. Ellos enseñaban y predicaban a todos aquellos que se acercaban al Señor

"Así que, arrepentíos y convertíos, para que sean borrados vuestros pecados; para que vengan de la presencia del Señor tiempos de refrigerio". (Hechos 3.19)

---

[38] Wayne A. Grudem. *Cómo entender la salvación: Una de las siete partes de la Teología Sistemática de Grudem.* (Nashville, TN: Editorial Zondervan, 2013) Pg. 172.

B. Es uno de los elementos para el cambio

Otra de las cosas a considerar cuando hablamos sobre al arrepentimiento, es que éste es un elemento indispensable para el cambio de una persona. En otras palabras, no puede haber un verdadero cambio en una persona, sino experimenta un verdadero arrepentimiento.

Uno de los casos más sonados respecto a esto y en los que se ve realmente un arrepentimiento instantáneo, fue el de Zaqueo. Este hombre que vivía una vida no muy agradable a los ojos de los judíos y por consiguiente delante de Dios, por ser publicano, tuvo un encuentro personal con Cristo. Zaqueo tuvo el privilegio de recibir al Maestro en su casa y al oír sus palabras, vio un cambio radical en su vida, al reconocer que había defraudado a muchos y comenzó a tener compasión por los pobres. Este cambio radical alegró mucho a Cristo, y por lo tanto mencionó; *"Hoy ha venido la salvación a esta casa"* (leer toda la historia en Lucas 19.1-10).

Podemos aprender del caso de Zaqueo que la predicación del evangelio debe mover a las personas a una revisión de sus acciones y a tomar una resolución para arreglar aquellas cosas que no se están haciendo conforme a la voluntad de Dios y de esa manera tomar la decisión del cambio. Al oír a Jesús, Zaqueo se dio cuenta de que le había robado a muchos al exigirles cantidades de dinero que el imperio romano no le estaba pidiendo, pero también su corazón se alineó con la misión de Cristo, de ayudar a los más pobres y desventurados. Eso es el verdadero arrepentimiento.

C. Es una de las exigencias de Dios

El arrepentimiento se convirtió en una exigencia de Dios para todos aquellos que deseaban buscarle o para aquellos que recibían una oportunidad de cambio de parte de Jesús. Un ejemplo de esto lo tenemos en aquella mujer pecadora que iba a ser apedreada, porque había sido encontrada en pleno acto de adulterio. Cuando Jesús confrontó a los acusadores diciéndoles, que el que estuviera libre de pecado arrojara la primera piedra. Al ser justificada por Cristo, este le dijo: *"Vete y no peques más" (Juan 8.11).*

Por lo tanto, el arrepentimiento fue una de las exigencias para todos los religiosos, para que no pusieran la religión por arriba de la misericordia. Los religiosos se habían olvidado de los que necesitaban a Dios, por eso Cristo los reprendió fuertemente.

> *"Id, pues, y aprended lo que significa: Misericordia quiero, y no sacrificio. Porque no he venido a llamar a justos, sino a pecadores, al arrepentimiento". (Mat. 9.13)*

III. Los elementos del arrepentimiento

Al estudiar el arrepentimiento de una forma más cercana, podemos descubrir que hay algunos elementos que hacen posible que este se lleve a cabo en la vida de las personas y, por lo tanto, que también se puede descubrir un proceso para que se realice de una forma adecuada. Este proceso incluye, la comprensión del pecado, el sentimiento de haber fallado a Dios y la acción propia del cambio.

A. *La comprensión del pecado*

Para que el arrepentimiento se realice de una forma efectiva una de las primeras cosas que el pecador debe hacer es reconocer su pecado. Mientras esto no suceda, no va a pasar nada en la vida del individuo. Es decir, si no hay conciencia de pecado, entonces no se sabrá de qué habría de arrepentirse. El pecador debe saber que ha ofendido a Dios y que sin el perdón de Dios está totalmente perdido. Comprender el pecado implica un reconocimiento de lo horrendo que es el acto pecaminoso ante los ojos de Dios, ya que él es santo y no puede aceptar el pecado.

Uno de los ejemplos que se me ocurre es el del Apóstol Pedro cuando vio el milagro de la pesca milagrosa por parte de Jesús y le dijo: *"Apártate de mí que soy hombre pecador"* (Ver. Lucas 5.1-8). Aunque este hecho no tiene relación con lo que estamos hablando, al menos podemos ver que Pedro pudo considerar lo santo que era Jesús y lo pecador que era él. Eso es exactamente lo que hace el verdadero arrepentimiento, reconocer que realmente se es un pecador y que necesitamos a Cristo.

B. El sentimiento de haber pecado

El segundo elemento en el arrepentimiento es el sentimiento que se crea por haber pecado. Es decir, cuando una persona está consciente de que Dios es muy santo y uno es muy pecador, entonces se crea un sentimiento de dolor y pesar cuando uno le falla a Dios. Leer 2 Corintios 7.9-10. El sentimiento de haberle fallado a Dios se manifiesta de dos maneras.

Primero, se siente tristeza por haber pecado.

El hombre arrepentido reconoce que hay una tristeza en su corazón por tanto pecado cometido, o por haberle fallado a Dios. Eso fue precisamente lo que experimentó Pedro al haberle fallado a Cristo, al negarlo tres veces. El texto dice que cuando el gallo cantó como el Señor le había dicho, lloró amargamente (Mateo 26.75). Por otro lado, este sentimiento es una de las grandes señales de que usted verdaderamente está arrepentido ya que le da una profunda tristeza por haber ofendido a Dios. Dicho sea de paso, si alguien peca y no siente nada, entonces debe de revisarse, ya que es muy probable que no reconozca que le ha fallado a Dios y que sencillamente, ya no le importe.

El segundo sentimiento que se crea en un arrepentimiento genuino es sentirse indigno delante de Dios.

Cuando uno comienza a escuchar la palabra de Dios y deja que la palabra de Dios haga su trabajo en uno, es muy común sentirse culpable y adolorido por haber ofendido a Dios. No obstante, quizás el sentimiento más fuerte es sentirse indigno ante él. Este sentimiento de indignación es precisamente lo que sintió Pedro, como dijimos, cuando le dijo a Jesús: *"Apártate de mí, Señor, porque soy hombre pecador." (Lucas 5.8)* Aquí, aunque en un contexto diferente, Pedro se sintió indigno de estar delante de alguien tan santo y poderoso como nuestro Señor Jesús.

C. Arrepentirse por voluntad propia

Por último, el verdadero arrepentimiento viene por voluntad propia del individuo y no por coacción. Esto implica que el pecador siente el peso de su culpa y decide personalmente hacer algo para remediar esa culpa. En tal caso, opta por hacer un cambio en su vida y arreglar o ponerse a cuentas con Dios.

El verdadero arrepentido no espera a que se le descubra su pecado para después arrepentirse, sino que el mismo acto cometido le resulta detestable, al punto que él solo lo confiesa y se aparta.

Por otro lado, también nadie puede, ni debe forzar o mucho menos obligar, a una persona a arrepentirse ya que, en ese caso, no será un arrepentimiento genuino. Eso sucede muchas veces con algunos padres que fuerzan a sus hijos para que tomen ese paso y se arrepientan. Entonces los obligan, sin embargo, ellos solo actuarán por fuerza y no por propia voluntad. De ser así, los resultados son totalmente negativos, pues al tiempo abandonan esa decisión y se manifiesta que verdaderamente no hubo un cambio.

IV. Los tres pasos del arrepentimiento verdadero

Es importante resaltar que el verdadero arrepentimiento tiene efectos directos en el comportamiento del individuo. En otras palabras, la persona arrepentida toma directa acción en el cambio de sus actitudes y de su comportamiento. Ese es un cambio radical, el cual usualmente sucede instantáneamente.

Hay por lo menos tres pasos bien marcados en la vida de una persona que ha experimentado un arrepentimiento genuino. Estos son la confesión del pecado, el abandono del pecado y el retorno a Dios.

A. El arrepentimiento lleva a la confesión de pecados

Lo primero que hace una persona arrepentida en verdad es confesar el pecado. No importa cuán pequeño o grande sea el pecado, o que tan sucio o bajo haya caído la persona, ella reconoce que falló y confiesa su falta. Esta es la señal más grande de un corazón arrepentido. Este viene delante de Dios, de sus autoridades, confiesa sus faltas y se dispone a recibir la disciplina necesaria para enmendar su error.

Lo contrario a esta acción está la de un corazón no arrepentido, quien usualmente tiende a encubrir o esconder su pecado. A veces creer que podemos engañar a Dios es engañarse, a uno mismo (Josué 7 y Proverbios 28.13). Además, cuando hay confesión, hay salud y perdón, (Salmos 32: 5 y 1 Juan 1: 9). Finalmente, tratar de esconder el pecado, no tiene provecho alguno, sino todo lo contrario, la persona se hunde y se corrompe más.

B. El arrepentimiento lleva a abandonar el pecado

El segundo paso que da un pecador arrepentido es abandonar completamente el pecado. Cuando hay un arrepentimiento ver-dadero, se rompe el deseo de pecar. En otras palabras, la persona no siente deseos de seguir pecando. No importa que se le presenten ofertas para hacerlo, la persona siente un rechazo hacia el pecado, y voluntariamente le da la espalda. También es importante resaltar que cuando hay arrepentimiento, hay un deseo de buscar a Dios y la persona usualmente trata de abstenerse de todo lo malo. Vea el ejemplo del hijo prodigo en Lucas 15: 11-21

C. El arrepentimiento lleva a volverse a Dios

Por último, el verdadero arrepentimiento lleva a la persona a regresar a Dios y a buscarlo. Al principio de este apartado mencionamos que el arrepentimiento es un cambio de mente y de actitud. La persona que se ha arrepentido, lo primero que hace es abandonar el pecado y volver a Dios. El apóstol Pedro lo explica de la siguiente manera:

"Porque vosotros erais como ovejas descarriadas, pero ahora habéis vuelto al Pastor y Obispo de vuestras almas." (1 de Pedro 2.25)

Una persona arrepentida tratará de buscar a Dios y de abandonar la vida pecaminosa. El profeta Isaías movido por Dios le habla al pueblo de Israel para que haga precisamente eso, que le busquen y que abandonen el pecado.

"Buscad a Jehová mientras puede ser hallado, llamadle en tanto que está cercano. Deje el impío su camino, y el hombre inicuo sus pensamientos, y vuélvase a Jehová, el cual tendrá de él misericordia, y al Dios nuestro, el cual será amplio en perdonar." (Isaías 55.6-7)

Uno de los pasos fundamentales para que una persona realmente tenga un cambio verdadero en su vida es que cuando se entrega a Cristo tenga un verdadero arrepentimiento. Si hay arrepentimiento, entonces habrá un cambio.

Conclusión

Concluimos este capítulo resaltando que se debe recalcar que quien quiere servir a Dios con un corazón sincero, debe buscar el arrepentimiento genuino y verdadero.

Como hemos visto en esta presentación, solo una persona arrepentida abandonará el pecado y buscará a Dios con todo su corazón. Por lo tanto, se estimula a todos los que trabajan con personas nuevas que se acercan a Cristo que los orienten a buscar un serio arrepentimiento de sus pecados. Esa será la clave para un cambio verdadero.

Capítulo 11

El bautismo

≈

"Por tanto, id, y haced discípulos a todas las naciones, bautizándolos en el nombre del Padre, y del Hijo, y del Espíritu Santo."

(MATEO 28.19)

Introducción

El bautismo es un elemento fundamental de la doctrina cristiana que forma parte del proceso de salvación del individuo y que sirve como puerta de entrada al reino de los cielos. El bautismo ha sido utilizado a través de los siglos por la iglesia cristiana como un símbolo sagrado el cual también sirve para establecer un compromiso entre el cristiano y el Señor Jesucristo.

En este capítulo aprenderemos algunos de los detalles más importantes referentes al bautismo, tales como, la definición y significado de este; además de otras enseñanzas fundamentales como, su institución, importancia, prácticas tradicionales y cómo es que la iglesia lo debe administrar.

I. Definiciones

Para poder entender bien el tema que nos ocupa debemos comenzar con algunas definiciones de la misma palabra, de su uso y de sus aplicaciones. El diccionario de la real academia española define la palabra bautismo como:

"Los sacramentos de muchas Iglesias cristianas, que se administra derramando agua sobre la cabeza o por inmersión, y que imprime el carácter de cristiano a quien lo recibe".

Además, agrega que, en diversas religiones se usa, como "un rito de purificación por agua".[39] Como podemos apreciar en esta definición; hay elementos significativos referentes al significado de esta palabra. El diccionario le llama "un sacramento", además, se administra "usando agua" y como "un rito de purificación". Estas palabras las estaremos ampliando más adelante, pues son fundamentales para entender el bautismo.

Por su parte, el Diccionario Etimológico de las palabras del Antiguo Testamento y Nuevo, de *Vine*, traduce la palabra bautismo del verbo original griego *"Baptizo"*, que significa: "zambullir, inmersión, sumergir". Es el verbo que, en griego, se utilizaba para describir la acción de introducir las telas dentro de contenedores para teñirlas.

El diccionario lo redacta de la siguiente manera:

"Baptizo, bautizar, primariamente forma frecuentativa de *bapto*, mojar. Se usaba entre los griegos del teñido de vestidos, de sacar agua introduciendo una vasija en otra más grande, etc. Plutarco la usa de sacar vino introduciendo la copa en el cuenco (Alexis, 67) y Platón, metafóricamente, de estar abrumado con interrogantes (*Eutidemo*, 277 D)".[40]

Por lo tanto, aprendemos, de la misma palabra, que el bautismo significa sumergir literalmente a una persona en agua y aunque lo ampliaremos más adelante, es necesario definir que la iglesia cristiana realizaba los bautismos de esta manera.

---

[39] Real academia española, bajo "bautismo". https://dle.rae.es/?id=5EgBDLb, Consultado el 13 de junio de 2019.

[40] Vine. *Diccionario Expositivo de Palabras del Antiguo y Nuevo Testamento exhaustivo* (Spanish Edition) (Kindle Locations 25470-25473). Grupo Nelson. Kindle Edition.

El *Diccionario Bíblico Ilustrado Holman* dice lo siguiente:

> La palabra "bautizar" es en sí un término adoptado
> de la palabra griega *"baptizo"* y agrega: son pocos los
> eruditos que refutan que el significado del término sea
> "sumergir" y no "verter" ni "rociar".[41]

Agrega el mismo diccionario que el bautismo es "Un rito cristiano de
iniciación practicado por casi todos los que profesan la fe cristiana".
Adema enfatiza que

> "En la era neotestamentaria, las personas que profesaban
> creer en Cristo eran sumergidas en agua como confesión
> pública de su fe en Jesús, el Salvador".[42]

En esta última definición, podemos notar no solamente que el bautismo
significa "inmersión" pero también que el bautismo es "un rito de
iniciación" a la vida cristiana.

Concluimos pues, que el bautismo es el sacramento que la iglesia utiliza
como un rito de purificación del alma y como un rito de iniciación al
cristianismo. En otras palabras, para que una persona pueda ser lavada
de sus pecados (como veremos abajo) y para entrar al cristianismo,
se necesita ser bautizado. Además, dicho bautismo debe administrase
sumergiendo a la persona en agua.

II. Institución del bautismo

Como dijimos arriba, el bautismo es uno de los sacramentos (cosas
sagradas), mas importantes de la Fe Cristiana, y es parte del proceso
de la salvación del hombre. El bautismo es una doctrina fundamental
dentro de las Sagradas Escrituras, y es indispensable para que la persona
alcance la vida Eterna.

---

[41] *Diccionario Bíblico Ilustrado Holman Revisado y Aumentado* (Spanish Edition)
(Kindle Locations 7287-7289). B&H Publishing Group. Kindle Edition.
[42] *Ibidem.*

El bautismo fue establecido o instituido por nuestro Señor Jesucristo para todos sus seguidores y para la iglesia que él estableció. Aunque ya se utilizaba en el ministerio de Juan, pues él mismo también participó de él (Mateo 3.13), no obstante Jesús también lo incluyó como parte de sus requerimientos para sus seguidores. Cuando nuestro Maestro establece el cristianismo, una de las instrucciones a sus discípulos fue que bautizaran a todos aquellos que desearían agregarse a su movimiento. Uno de los textos más usados para referirnos a este mandato de Jesús lo encontramos en Mateo y Marcos.

> *"...Id por todo el mundo y predicad el evangelio a toda criatura. El que creyere y fuere bautizado, será salvo; más el que no creyere, será condenado." (Marcos 16.15-16),*
> leer también el pasaje paralelo de Mateo 28.19.

La Iglesia cristiana del primer siglo cumplió el mandamiento que el Señor les dio; ya que bautizaba a la gente que se iba agregando, y, además, esa fue la práctica común de los primeros discípulos y de la misma iglesia primitiva. Un ejemplo de esto lo vemos reflejado en la actividad evangelista de Felipe: *"Pero cuando creyeron a Felipe, que anunciaba el evangelio del reino de Dios y el nombre de Jesucristo, se bautizaban hombres y mujeres." (Hechos 8.12)*

III. La importancia del bautismo

Como dijimos al principio de este capítulo; el bautismo ha sido una práctica muy importante en la iglesia cristiana desde el principio y, además, es uno de los requisitos para pertenecer a la misma. No obstante, hay por lo menos tres asuntos fundamentales que debemos de conocer respecto al mismo.

A. El bautismo es necesario para la salvación

Lo primero que se debe establecer, es que el bautismo es necesario para alcanzar la salvación de nuestras almas. Jesús lo dijo bien claro:

"El que creyere y fuere bautizado, será salvo; más el que
no creyere, será condenado" (Marcos 16.16).

Con esto en mente, tenemos que tomar en cuenta que nuestro Señor está
estableciendo el proceso y un requisito para la salvación. Dicho proceso
se centra en la obediencia a su palabra de creer y ser bautizado. Además,
el Apóstol Pedro lo ratifica cuando está hablando sobre la salvación en
el tiempo de Noé, diciendo:

"El bautismo que ahora corresponde, nos salva ..." (1
Pedro 3.21).

Es importante que se entienda que hay un bautismo que corresponde
para la salvación, (Y si hay uno que corresponde, habrá otros que no
corresponden) y que este es para salvar al hombre del infierno y de la
perdición. Además, es necesario recalcar que el bautismo no es para poner
nombres a las personas, sino más bien, para que alcance la salvación.

B. El bautismo es necesario para el perdón de pecados

El segundo elemento a consideración es que el bautismo es el único
medio dado por Dios para que el hombre sea perdonado de todos sus
pecados, bajo la presente dispensación de la gracia. Esto quiere decir
que antes de la muerte de Cristo, (bajo la ley de Moisés), la remisión de
pecados se hacía mediante el sacrificio del cordero pascual.

Sin embargo, bajo el ministerio de Cristo, se establece una nueva
dispensación que está basada en el amor, la gracia y la misericordia de
nuestro Dios. Esta se basa en que Cristo sustituye al cordero pascual que
se sacrificaba, y por medio de su sangre se perdonan todos los pecados del
pueblo. Al derramar Cristo su sangre, todos los pecados de aquellos que
se abriguen bajo de ella, quedan borrados; por lo tanto, lo único que tiene
que hacer el individuo es arrepentirse, creer en Cristo y ser bautizado.

Arriba, en las definiciones mencionamos que el bautismo servía como
un rito de purificación, y es precisamente, es función que se activa en

cada individuo que obedece al mandato de Jesús de ser bautizado para el perdón de sus pecados.

Sin embargo, cuando hablamos del bautismo para perdón de los pecados hay algunas cosas que debemos saber.

1. Hay un solo bautismo para perdón de pecados

De acuerdo con las sagradas escrituras, hay un solo bautismo que debe de ser administrado a los candidatos para perdón de los pecados. Este solo bautismo, lo encontramos citado por Pablo en Efesios 4.5 donde dice:

> *"Un Señor, una fe, un bautismo ..."* [Pero también el Apóstol Pedro lo ratifica] *"El bautismo ... nos salva"* (no dice bautismos) *(1 Pedro 3.21)*

Por lo tanto, este solo bautismo indefectiblemente debe de ser el establecido por Jesús y sus discípulos como veremos más adelante y los receptores solo podrán recibirlo una sola vez. Es decir, el bautismo de Cristo solo puede ser administrado una vez, sin embargo, si una persona fue bautizada en un bautismo que no corresponde, entonces si podrá volverse a bautizar. Para corroborar esta postura debemos considerar que los discípulos de Juan tuvieron que ser bautizados nuevamente en el bautismo de Jesús, (Hechos 19.1-5).

2. El bautismo sustituye el sacrificio del cordero

El bautismo es una ceremonia que sustituye el sacrificio del cordero pascual que se sacrificaba para el perdón de los pecados, bajo la ley. Dios le había ordenado a Israel el sacrificio de un cordero para redimir a su pueblo de sus pecados, ya que:

> *"...sin derramamiento de sangre no se hace remisión."* *(Hebreos 9.22).*

Esto es debido a que la paga de pecado es muerte (Romanos 6.23), y cada individuo pecador tenía que morir por sus pecados, para que esta palabra se cumpliera. Es en esa dimensión en que nuestro Señor Jesucristo toma el lugar del cordero, va a la cruz y muere en lugar de nosotros (Mateo 26.28). Por lo tanto, para que al hombre le sean perdonados sus pecados, el Señor ha establecido un simple proceso que le evita ir a la muerte tal y como lo hizo Jesús y este consiste en lo siguiente: Arrepentirse de sus pecados, creer en Cristo Jesús y bautizarse en su nombre, ya que, por medio de su sangre, nuestros pecados son perdonados, cf. 1 Juan 1.7.

3. El bautismo lava los pecados.

El bautismo tiene el poder de lavar todos los pecados del hombre, cuando se administra en fe y creyendo con todo el corazón. Eso fue precisamente lo que le pidió Ananías a Saulo:

> "Ahora, pues, ¿por qué te detienes? Levántate y bautízate, y lava tus pecados, invocando su nombre." (Hechos. 22.16).

Sin embargo, esta práctica de lavarse no era nada nueva, ya que el lavarse y purificarse era un parte fundamental de la religión hebrea. De hecho, Dios mandó a Israel a lavarse y prepararse para su encuentro con Dios en Sinaí (Éxodo 19.10) y había un rito de purificación en sus prácticas (2 Crónicas 30.19; Juan 2.6). Es por lo que Jesús le enseñó a Nicodemo la necesidad de nacer de nuevo por medio del agua (Juan 3.5) Indiscutiblemente, el bautismo es un elemento de purificación en la fe cristiana y una necesidad obligada si alguien quiere recibir el perdón de sus pecados. Por esa causa el apóstol Pedro les dijo a los primeros cristianos que oyeron su mensaje y fueron movidos al arrepentimiento, y le preguntaron: ¿Qué haremos? Y el Apóstol no titubea en su contestación:

> "...Arrepentíos, y bautícese cada uno de vosotros en el nombre de Jesucristo para perdón de los pecados; ..." (Hechos 2.38).

C. El bautismo es necesario para entrar al reino de los cielos

Por último, el bautismo es la puerta de entrada al reino de los cielos y, por ende, la entrada a la membresía de la Iglesia, tal y como mencionamos arriba; que el bautismo servía como un rito de iniciación al cristianismo y a la Iglesia. Este concepto está tomado de las palabras de Jesús cuando le dijo a Nicodemo lo siguiente:

> *"De cierto, de cierto te digo, que el que no naciere de agua y del Espíritu, no puede entrar en el reino de Dios."* *(Juan 3.5)*

Es importante resaltar que nadie puede ni siquiera considerarse miembro de la Iglesia sino pasa por el proceso del bautismo. Esa ha sido la práctica común de la iglesia de Cristo desde que el fundó su iglesia. Tanto los seguidores de Juan, como fue Jesús por un tiempo, así como los seguidores de Cristo tuvieron que ser iniciados por medio del rito del bautismo. El historiador Lyman dice que bautismo era el rito que se administraba para que la gente pudiera entrar a la Iglesia.[43]

IV. La práctica del bautismo

Como ya mencionamos anteriormente, el bautismo es uno de los sacramentos más grandes que tiene cualquier Iglesia, ya que representa la puerta de entrada a la membresía de esta. Sin embargo, conviene que expliquemos un poco sobre las prácticas de la iglesia y la administración de este a los creyentes, es decir, ¿Cómo se lleva a cabo? Para contestar esa pregunta tenemos que considerar algunas cosas fundamentales.

A. El bautismo debe ser por inmersión en agua

El bautismo debe ser por inmersión, pues es así que se administraba por la Iglesia primitiva y aún debe de ser así por el mismo significado de la palabra. Además, el bautismo por inmersión es tipo y figura de

---

[43] J. Lyman Hurlbut, *Historia de la Iglesia* (Miami, FL 1999) 41.

la muerte, sepultura, y resurrección del Señor Jesucristo (Ro. 6: 3 y 4). Así como Cristo murió y fue sepultado, el pecador arrepentido muere al mundo y debe de ser sepultado en las aguas del bautismo y después resucitar en una nueva criatura tal y como sucedió con Jesús también.

En la Biblia tenemos algunos ejemplos de personas que fueron bautizadas y hay indicaciones que las mismas fueron sumergidas en agua. Por ejemplo, Felipe estaba evangelizando al etíope eunuco y llegó el momento donde este último le pidió a Felipe que lo bautizara y el texto sagrado dice que llegaron a cierta agua:

> *"Y mandó parar el carro; y descendieron ambos al agua, Felipe y el eunuco, y le bautizó. Cuando subieron del agua, el Espíritu del Señor arrebató a Felipe; ..." (Hechos 8.38-39).*

Como podemos ver en este texto se observa claramente que descendieron ambos al agua, el eunuco fue bautizado y luego subieron del agua. Aunque la Biblia no dice si fue un rio, un lago, el mar o algún estanque; lo cierto es que llegaron "a cierta agua" descendieron a ella y el etíope fue bautizado.

Otro ejemplo bien notable es el de Juan el bautista. Es bien sabido por todos que Juan utilizaba este método en sus prácticas de reclutamiento. El texto dice:

> *"Juan bautizaba también en Enón, junto a Salim, porque había allí muchas aguas; y venían, y eran bautizados." (Juan 3.23).*

Los oyentes que aceptaban las enseñanzas de este profeta eran sumergidos en las aguas. Como explicamos arriba, la sola definición de la palabra bautismo indica "sumergir" por lo tanto, el bautismo que corresponde ha de ser por inmersión.

Entonces, el bautismo bíblico es y debe de ser por inmersión y no por aspersión o mucho menos simbólico. Es interesante mencionar que el primer bautismo por aspersión (rociamiento), fue registrado por el historiador Eusebio en el año 250 D.C.[44]

Esto fue debido a que la persona que fue bautizada se estaba muriendo, por lo tanto, la iglesia dio su aprobación para que fuese bautizado echándole agua en la cabeza, sin embargo, la persona no murió y entonces la iglesia se retractó y ya no permitió más el bautismo por aspersión. No fue sino hasta el Concilio de Ravena en el año 1311 D.C. que se aprobó este bautismo[45] El historiador Lyman enfatiza en su *historia de la iglesia* que el bautismo era por inmersión.[46]

Otro asunto para considerar referente a la práctica del bautismo es que este debe de ser administrado solamente a gente adulta. Los niños no pueden ser bautizados, porque no hay conciencia de pecado en ellos. (Santiago 4.16-17)

El bautismo de infantes nunca ha sido la práctica de la iglesia de los primeros siglos; pues esta clase de bautismo fue aprobado por la Iglesia en el concilio de Ravena en el año 1311 D.C. No obstante, estos bautismos, carecen del apoyo bíblico, y fueron altamente criticados aun dentro de la Iglesia imperante.

B. *El bautismo debe ser en el nombre de Jesús*

El otro aspecto importantísimo en el bautismo es el modo en que se debe administrar; o mejor dicho ¿Cómo se hace? O ¿Qué se dice? Aunque reconocemos que hay diferencias en el pueblo cristiano al respecto, sin embargo, reconocemos que el bautismo que corresponde para la salvación ha de ser *en el nombre de Jesús*. Para poder entender mejor esta postura veamos la siguiente explicación del tema.

---

[44] P. L. Maurer, *Eusebio: Historia de la iglesia*, (Grand Rapids MI, 1999) 240.

[45] https://www.scribd.com/document/79850148/BAUTISMO. Consultado el 24 de Julio, 2019.

[46] J. Lyman Hurlbut, *Historia de la iglesia* (Miami, FL 1999) 41.

1. El mandamiento de Jesús

Debemos comenzar con el mandamiento de Jesús sobre el bautismo. El Señor Jesucristo ordenó a sus discípulos:

> "Por tanto, id, y haced discípulos a todas las naciones, bautizándolos en el nombre del Padre, y del Hijo, y del Espíritu Santo." (Mateo 28.19)

Si observamos cuidadosamente el mandamiento de Jesucristo a sus discípulos, encierra un nombre. El texto base de está escritura está escrito en singular y no en plural. El texto dice:

> "...en el nombre del Padre, y del Hijo, y del Espíritu Santo" (Mateo 28.19).

Debemos notar que Padre, Hijo, y Espíritu Santo no son nombres, sino *títulos* u oficios de Dios. Por consiguiente, debemos preguntarnos ¿Qué nombre es el que se debe mencionar cuando alguien se bautiza? Alguien puede argumentar, que este nombre puede ser uno de los tres mencionados, es decir, "Padre, Hijo y Espíritu Santo" sin embargo, debemos preguntarnos si esto es correcto.

2. La práctica de la Iglesia

Para contestar la pregunta del punto anterior nos debemos de centrar en la práctica de la iglesia y de los primeros cristianos, incluyendo los discípulos del Señor. El apóstol Pedro, quien había recibido las llaves del reino de Dios por Cristo (Mat. 16: 19) no titubeo cuando bautizó a los primeros hermanos. Él dijo:

> "...Arrepentíos, y bautícese cada uno de vosotros en el nombre de Jesucristo para perdón de los pecados; y recibiréis el don del Espíritu Santo." (Hechos 2.38)

Allí claramente el Apóstol utiliza el *nombre* de Jesucristo para que todos los que oyen su sermón sean bautizados. La razón es que Pedro sabía exactamente cuál era el *nombre* que Jesús había mandado a usar en el bautismo. Ese nombre era Jesucristo.

Algunos argumentan que Pedro se equivocó al no usar la fórmula de Mateo 28.19. Es necesario establecer, por la Biblia, que los apóstoles del Señor fueron guiados por el Espíritu Santo, como el mismo Señor Jesús les había dicho:

> *"...el Espíritu de verdad, él os guiara a toda la verdad ..."*
> *(Juan 16.13)* y también *" ...el Espíritu Santo ... Él os*
> *enseñara todas las cosas ..." (Juan 14.26).*

Además, es importante resaltar que todos los bautismos practicados por los primeros cristianos fueron *en el Nombre de Jesucristo*, y no aparece ni uno solo utilizando los títulos, Padre, Hijo o Espíritu Santo. A continuación, veremos una tabla enseñando los bautizos practicados y a quienes se bautizó usando el Nombre de Jesucristo:

Tabla número 4		
1.	Judíos	Hch. 2:38
2	Samaritanos	Hch. 8:16
3.	Gentiles	Hch. 10:48, 15:14
4.	Pablo	Hch. 9:15, 22:16
5.	Romanos	Ro. 6:3
6.	Gálatas	Ga. 3:27
7.	Corintios	1 Co. 1:13
8.	Colosenses	Col. 2:12
9.	Efesios	Hch. 19:1-7, Ef. 1:13
10.	La Iglesia	Hch. 2:38; 1 Pe. 3:21, Stg. 2:7

Conclusión

Concluimos este capítulo mencionando que el bautismo es una parte fundamental del cristianismo y por lo tanto debe administrarse cuidadosamente a personas que se han arrepentido de sus pecados, que han aceptado a Cristo y que estén dispuestas a seguirlo. El bautismo debe administrarse por inmersión y en el nombre de nuestro Señor Jesucristo.

Otra de las cosas que hemos aprendido en este capítulo es que todos aquellos que quieren servir y seguir a Cristo, es necesario que se bauticen, ya que, en este caso, el bautismo sirve como una puerta de entrada.

Capítulo 12

El bautismo del Espíritu Santo

≈

*Porque Juan ciertamente bautizó con agua, más vosotros
seréis bautizados con el Espíritu Santo
dentro de no muchos días.*

(Hechos 1.5)

Introducción

Si es importante el bautismo en agua, también es importante que los cristianos reciban el Espíritu Santo. Este ha sido el motor que mueve la Iglesia a hacer lo que Dios desea y, además, es lo que le da vida a un hijo de Dios.

Un cristiano lleno del Espíritu Santo se convierte en un potencial en la mano de Dios. Sin embargo, ¿Qué significa todo esto? ¿Cómo se puede recibir ese poder de Dios? Y otras muchas preguntas más. Por lo tanto, en este capítulo exploraremos detalles sobre el regalo más grande que Dios le ha dado al ser humano, solamente después del regalo de la salvación. Este regalo es recibir El Espíritu Santo. Además, entre otras cosas interesantes y necesarias para todo creyente aprenderemos sobre Quién es El Espíritu Santo, cómo se manifiesta, y, cómo se lo recibe.

I. Definición

Antes de adentrarnos en este maravilloso tema, conviene que hagamos algunas definiciones con respecto a este tema tan importante para el cristiano. La razón, es que muchas veces se tiende a mal interpretar el significado de lo que es "El Espíritu" y la manifestación del "Espíritu Santo".

A. El significado de la palabra "Espíritu"

La palabra "espíritu" procede según el Diccionario Vine, de las palabras; hebrea (*ruah*), y griega (pneuma). Dichas palabras se emplean para traducir el espíritu y significan literalmente: "viento" o "aire en movimiento". Sin embargo, en la opinión de los especialistas su sentido original es aliento, o sea, el aire puesto en movimiento por la respiración.[47] Un ejemplo del uso de esta palabra es precisamente cuando Dios formó al hombre del polvo de la tierra: *"Entonces Jehová Dios formó al hombre del polvo de la tierra, y sopló en su nariz aliento (pneo) de vida, y fue el hombre un ser viviente." (Génesis 2.7)* Entonces, esta palabra se refiere estrictamente a esa parte del ser humano que está ligada a la vida del individuo.

B. El término "Espíritu Santo"

Por otro lado, cuando hablamos del término "Espíritu Santo" lo primero que hay que tomar en cuenta es que este término se refiere exclusivamente a Dios, ya que él es El Espíritu Santo. Sin embargo, este término también se está refiriendo al nombre que la doctrina cristiana asigna a la manifestación de Dios en la vida de los creyentes. La expresión Espíritu Santo es propia del Nuevo Testamento.

La traducción griega del Antiguo Testamento, conocida como la Septuaginta, la usó para traducir las referencias al "Espíritu de Jehová", evitando así el uso del nombre de Dios. Dado que los autores del Nuevo Testamento usaron la Septuaginta para citar el Antiguo Testamento, la expresión Espíritu Santo se transformó en la denominación neotestamentaria estándar para referirse al Espíritu de Dios.

---

[47] Enciclopedia Electrónica Ilumina, *Vine, Loc. cit.*

s poco frecuente que el Antiguo Testamento hable del Espíritu de Dios en forma personificada; más bien se refiere a algo que Dios otorga a los hombres, o el poder y la fuerza con que Dios actúa. En cambio, en el Nuevo Testamento se observa un claro proceso de personificación. Por lo tanto, la doctrina cristiana establece un lugar muy importante para El Espíritu Santo en la vida del hijo de Dios. Aquí se consideran dos cosas muy significativas.

Primero, Jesús prometió que enviaría al Espíritu Santo a sus seguidores, cuando les dijo:

> *"...Os conviene que yo me vaya; porque si no me fuera, el Consolador no vendría a vosotros; más si me fuere, os lo enviaré". (Juan 16.7).*

En este texto podemos observar que Jesús necesitaba irse de este mundo, para que viniera el Espíritu Santo, y la razón era simple, les convenía. Lo que quiere decir Jesús es que El Espíritu Santo seguiría con los trabajos que él estaba haciendo, entre ellos el de consolar y guiar a los creyentes.

Segundo, el Espíritu Santo estaba activo en la Iglesia primitiva y no era meramente un asunto alegórico, simbólico y mucho menos místico. Uno de los textos bíblicos que mejor ilustra este pensamiento es aquel cuando Pablo es llamado al ministerio; el texto dice:

> *"Ministrando éstos al Señor, y ayunando, dijo el Espíritu Santo: Apartadme a Bernabé y a Saulo para la obra a que los he llamado." (Hechos 13: 2)*

Aquí claramente se observa que fue el Espíritu Santo quien los llamó y no fueron los otros apóstoles, como Pedro o Juan. Es importante resaltar que, en los inicios de la Iglesia primitiva, el Espíritu Santo dictaba órdenes de lo que se debería hacer y estaba presente en las decisiones que la Iglesia tenía que tomar.

II. La importancia de recibir el Espíritu Santo

Lo más importante de este capítulo radica en que, como hijos de Dios debemos recibir el Espíritu Santo en nuestra vida. Eso significa que Dios entra en nuestro cuerpo y vida para vivir. Sin embargo, la importancia de recibirlo no es por el solo hecho de que Dios quiere vivir en nosotros, sino más bien, por los efectos que este puede dar a nuestra vida. A continuación, veamos la importancia de recibirlo.

A. Es indispensable para entrar al reino de Dios.

El primer aspecto que debemos considerar sobre la importancia de recibir el Espíritu Santo tiene que ver con, "entrar al reino de Dios". Pero ¿Qué significa entrar al reino de Dios? Antes de contestar esta pregunta, debemos decir que esta postulación la encontramos en el encuentro de Jesús con Nicodemo, (un principal de los judíos) quien vino a buscarlo de noche. En esta historia Jesús le dice a este hombre lo siguiente:

> "...De cierto, de cierto te digo, que el que no naciere de agua y del Espíritu, no puede entrar en el reino de Dios."
> (Juan 3.5)

En esta historia Jesús aborda dos temas esenciales sobre la necesidad del bautismo del Espíritu Santo. El primero es que hay que nacer de nuevo (De agua y de Espíritu), y el segundo, que sin ello no se puede entrar al reino de Dios. Ambos temas los discutiremos enseguida.

El nuevo nacimiento. Considerando el texto mencionado podemos encontrar que aquí surge la primera necesidad del Espíritu "Es necesario nacer del Espíritu para poder entrar al reino de Dios". La doctrina del Nuevo Nacimiento surge precisamente por la necesidad de restaurar completamente al hombre al estado original en que Dios lo creo y la única forma de hacer-lo, es que el ser humano vuelva a nacer. Sin embargo, este nacimiento no puede darse como pensaba Nicodemo, entrando al vientre de la madre y volviendo a nacer. Se refiere a un acto divino en el que Dios regenera al hombre a su estado original, dicho estado debe entenderse como el estado que tenía antes de pecar.

Este nuevo nacimiento debe de llevarse a cabo, primero en agua por medio del bautismo y segundo, por recibir el Espíritu Santo. Ambos bautismos recibidos por medio de la fe, el arrepentimiento y el sacrificio de Cristo en la cruz del calvario son suficientes para que una persona comience una nueva vida y así entre al reino de Dios.

El segundo elemento tiene que ver con la pregunta; ¿Qué significa el reino de Dios? El Reino de Dios puede entenderse como el dominio de Dios, pero también puede interpretarse como ese espacio o lugar a donde irán a parar los cristianos y, por lo tanto, se requiere el Espíritu para entrar en él y para poder pertenecer al mismo. Por otro lado, Mateo utiliza la frase "El reino de los cielos" para referirse al reino de Dios y siguiendo la traducción de Vine, denota la esfera del gobierno de Dios.

La palabra griega **Basileia**, indica soberanía, poder regio, dominio y este término se aplica especialmente al reino de Dios y de Cristo. No obstante, debido a que la tierra es la escena universal de la rebelión contra Dios, el reino de Dios debe entenderse como la esfera en la cual en cualquier momento se reconoce el gobierno de Dios.[48]

Algunos han interpretado este "Reino de Dios" con la salvación, sin embargo y aunque puede aplicar, son dos cosas diferentes. El reino de Dios abarca, tanto la vida en la tierra, como la vida futura, donde Dios ha de reinar permanentemente, mientras que la salvación es pertenecer a ese grupo de personas que no han de ir al castigo eterno y han de estar cerca de Dios.

B. Es necesario para recibir vida

El segundo asunto que debemos considerar es la importancia que tiene el Espíritu Santo en el futuro espiritual de los creyentes. Para esto

---

[48] W. E. Vine, *Op. cit.*, 340.

debemos considerar la postura del Apóstol Pablo respecto del futuro de los cristianos. Él dice:

> *"Y si el Espíritu de aquel que levanto de los muertos a Jesús mora en vosotros ... vivificara también vuestros cuerpos mortales por su Espíritu que mora en vosotros."* (Romanos 8.11)

Entonces, podemos entender que el Apóstol habla de una vivificación del cuerpo mortal por el Espíritu de Dios que mora en nosotros. En otras palabras; es necesario tener el Espíritu para recibir vida después de que hayamos muerto, o sea, para la resurrección. Esto verdaderamente tiene sentido, ya que al igual que Dios sopló aliento en el primer hombre al ser formado de la tierra y vivió (Gn 2.7) de la misma manera el Espíritu resucitará al hijo de Dios del polvo de la tierra y lo levantará.

C. En necesario para ser levantados con Cristo.

El otro asunto para considerar es sobre lo que nos sucederá a los cristianos cuando Cristo venga por nosotros. El texto lo expone de la siguiente manera:

> *"...el Espíritu Santo de la promesa, que es las arras [lo que se da por prenda de algún contrato] de nuestra herencia hasta la redención de la posesión adquirida ..."* (Efesios 1.13-14)

Al igual que el novio de la antigüedad que regresaba a recoger el pedazo de tela o prenda con el cual se había comprometido con aquella doncella para matrimonio. De la misma manera cuando Cristo venga por su Iglesia, el Espíritu Santo será la señal de que uno ha sido esa persona marcada y señalada por Dios para irse con Cristo. Finalmente, una de las recomendaciones del Apóstol Pablo a los efesios fue que no pusieran triste (contristar) al Espíritu, ya que este era el sello o marca de parte de Dios para ese día tan anhelado de la redención.

"Y no contristéis al Espíritu Santo de Dios, con el que fuisteis sellados para el día de la redención." (Efesios 4.30)

D. Es indispensable para recibir poder espiritual.

El otro aspecto de importancia de recibir el Espíritu Santo tiene que ver con el poder. Este poder es el que directamente recibirían los discípulos del Señor al venir sobre ellos. Al menos eso fue lo que Cristo les dijo:

"...pero recibiréis poder, cuando haya venido sobre vosotros el Espíritu Santo y me series testigos en Jerusalén, en toda Judea, en Samaria, y hasta lo último de la tierra." (Hechos 1.8)

Este fue un poder sobrenatural sobre los discípulos para hacer la obra a la cual los estaba enviando. De aquí surge la razón por la cual Cristo les dijo que se quedaran en Jerusalén y no salieran hasta que recibieran este poder de lo alto (Lucas 24.49). Ellos sencillamente lo iban a necesitar en el camino.

Hay por lo menos cuatro áreas en las cuales el Espíritu Santo imparte poder para los creyentes.

Primero, ser enseñado y recordar todas las cosas de Dios.

"Más el Consolador, el Espíritu Santo, a quien el Padre enviara en mi nombre, él os enseñara todas las cosas, y os recordara todo lo que yo os he dicho." (Juan 14.26)

El cristiano lleno del Espíritu Santo recibe un poder sobrenatural que le enseña sobre situaciones en las que tiene que actuar y le recuerda aquellos textos que leyó en alguna ocasión.

Segundo, ser guiado a toda la verdad:

"Pero cuando venga el Espíritu de verdad, él os guiará a toda la verdad; porque no hablará por su propia cuenta, sino que hablará todo lo que oyere, y os hará saber las cosas que habrán de venir." (Juan 16.13)

Qué maravilloso es este texto, ya que nadie que haya recibido el Espíritu Santo y sea sensible a Él, podrá fallar en encontrar la verdad. Esto fue lo que hizo Dios con Apolos al revelarle la verdad, (Hechos 18.24-26).

Tercero, recibir sabiduría espiritual:

"...Mas hablamos sabiduría de Dios ..." (1 Corintios 2.1-10)

Además, este fue uno de los requisitos que deberían tener los primeros diáconos.

"...Buscad, pues, hermanos, de entre vosotros a siete varones de buen testimonio, llenos del Espíritu Santo y de sabiduría, a quienes encarguemos este trabajo." (Hechos 6.1-6)

El hijo de Dios es y debe de ser sabio en todos los aspectos, ya que es por medio del Espíritu del Señor que recibe sabiduría para cualquier cosa. Sabiduría, para hablar, para aconsejar, para tomar decisiones, en fin, sabiduría para toda su vida. Es por lo que uno de los símbolos del Espíritu Santo es la luz.

Cuarto, compartir las buenas nuevas con efectividad:

"...cuando venga el Consolador ... el Espíritu de verdad, el dará testimonio acerca de mí. Y vosotros daréis testimonio también, porque habéis estado conmigo desde el principio." (Juan 15.26-27)

Escuchar a alguien lleno de la unción de Dios predicando, agrada y convierte al corazón. Basta leer el libro de los Hechos para darse cuenta de que los discípulos del Señor, una vez que hubieron recibido el Espíritu Santo hablaban con denuedo la palabra de Dios (Hechos 4.13, 29, 31; 13.46; 14.3; 18.26; etc.)

III. La manifestación del Espíritu Santo

Cuando estudiamos sobre el Espíritu Santo, es indispensable analizar cómo es que éste se manifiesta en la vida de los creyentes. La razón del estudio de esta acción tiene que ver con el hecho de que muchas veces se malinterpreta la forma y manera en que el Espíritu de Dios se manifiesta en los creyentes. Por esa razón, algunos tienden a mofarse o a subestimar la manera en que el Espíritu muestra su influencia en la vida de los cristianos.

A. Acontecimiento bíblico

En Hechos 2.1-4, 14-16, encontramos el relato Bíblico del descenso del Espíritu Santo, sobre los primeros cristianos. Uno de los textos dice así:

> "Y fueron todos llenos del Espíritu Santo, y comenzaron a hablar en otras lenguas, según el Espíritu les daba que hablasen". (Hechos 2.4)

Fue durante la fiesta de Pentecostés (una fiesta judía que se celebraba 50 días después de la fiesta de la Pascua, Levítico 23) que descendió el Espíritu Santo sobre los discípulos de Jesús. Allí se manifestó el Espíritu Santo por primera vez y de una forma que dejó sorprendidos a todos los que estaban allí, quienes al oírlos y verlos los tuvieron por borrachos. Sin embargo, eso ya estaba anunciado por los profetas del Antiguo Testamento. Veamos lo que dice la escritura acerca de estas profecías.

B. Profecías en el Antiguo Testamento

Dios había hablado por medio de los profetas del Antiguo Testamento con respecto a la venida del Espíritu Santo y su manifestación en los creyentes. Aunque en aquellos momentos para ellos era algo desconocido, y ni siquiera lo entendían completamente, ahora se había hecho una realidad.

El profeta Isaías había dicho que Dios hablaría a su pueblo; " *...en lengua de tartamudos, y en extraña lengua ...*" *(Isaías 28.11).* El Apóstol Pablo mencionó esta profecía en 1 Corintios 14:21. Por lo tanto, aquí tenemos el primer elemento a considerar, y es *"la lengua de tartamudos y la lengua extraña".* Esta se ha de entender como aquella lengua que no es clara y que se distorsiona al hablar, en una clara referencia al hablar en lenguas como veremos más adelante.

El otro asunto que se profetizó fue la obra del Espíritu en la vida del creyente, y esta tiene que ver con lo que haría en sus corazones. Dios dijo por medio del mismo profeta Isaías:

> *"Porque yo derramare aguas sobre el sequedal, y ríos sobre la tierra árida; mi Espíritu derramare sobre tu generación ..."* *(Isaías 44.3)*

En este texto, el Espíritu vendría a darle vida al que lo recibiera. El profeta Ezequiel agrega un poco más acerca de la obra que el Espíritu hará en el corazón del recipiente.

> *"...y pondré espíritu nuevo dentro de vosotros; y quitare de vuestra carne el corazón de piedra, y os daré un Corazón de carne."* *(Ezequiel 36.26)*

Entonces, es por medio de estos textos --dicho por medio de sus profetas-- que Dios haría la obra de transformación en la vida de aquellos que lo recibirían.

Por último, Dios también habla por medio del profeta Joel, en una de las profecías más claras sobre las características y la manifestación del Espíritu en la vida de los creyentes. El profeta dijo:

> *"Y después de esto derramaré mi Espíritu sobre toda carne, y profetizarán vuestros hijos y vuestras hijas;*

vuestros ancianos soñarán sueños, y vuestros jóvenes verán visiones. Y también sobre los siervos y sobre las siervas derramaré mi Espíritu en aquellos días." (Joel 2.28-29)

Este, quizás es uno de los textos más claros del Antiguo Testamente referente a cómo habría de actuar el Espíritu en las vidas de aquellos que lo poseyeran.

Los recipientes (sin acepción de personas), profetizaran, soñaran sueños y tendrán visiones cuando el Espíritu sea derramado sobre ellos.

C. Profecías en el Nuevo Testamento

Aunque el tema del Espíritu Santo se habló en el Antiguo Testamento, tomó más fuerza en el Nuevo Testamento, donde también se profetizó que vendría.

Juan el Bautista fue uno de los primeros en anunciar la venida del Espíritu Santo sobre los creyentes. En su predicación decía:

"Yo a la verdad os bautizo en agua para arrepentimiento; pero el que viene tras de mí, cuyo calzado yo no soy digno de llevar, es más que poderoso que yo; él os bautizara en Espíritu Santo." (Mateo 3.11)

Aquí notamos que Juan no solo anuncia la manifestación del Espíritu, sino que también se refiere a Jesucristo como la persona que ha de bautizar a los creyentes con el Espíritu Santo. Notemos que Juan es el primero en usar la palabra "Bautismo en el Espíritu Santo".

El Señor Jesucristo también enseña a sus seguidores sobre el mismo tema y hace una invitación a sus oyentes para que crean en él y aquellos que lo hicieran recibirían la recompensa de "Ríos de Vida", (Juan 7.37-39) También le anima a sus oyentes para que pidan del Espíritu y les dice:

"…Pues si vosotros siendo malos, sabéis dar Buena dadivas a vuestros hijos, ¿cuánto más vuestro Padre celestial dará el Espíritu Santo a los que se lo pidan? (Lucas 11.13)

Es clara la exhortación de Jesús a sus oyentes, que, si alguno lo pide, él está dispuesto a darlo.

Además, Jesús les requirió a sus discípulos que se quedaran en Jerusalén y no salieran a llevar a cabo la evangelización sin antes recibir el Espíritu Santo.

"…He aquí, yo enviare la promesa del Padre sobre vosotros; pero quedaos vosotros en la ciudad de Jerusalén, hasta que seáis investidos de poder desde lo alto." (Lucas 24.49)

La razón es muy sencilla, ellos iban a necesitar la ayuda del Espíritu para poder llevar a cabo el trabajo.

Como podemos observar en estas profecías, Dios promete a su pueblo el advenimiento del Espíritu Santo sobre toda carne, y Jesús también lo promete a sus discípulos. Ahora bien, estas promesas de Dios se cumplieron el día de Pentecostés y de allí en adelante la Iglesia fue participante activa en esta experiencia.

D. Cumplimiento de las profecías

Para corroborar el punto anterior es conveniente que analicemos rápidamente una lista de textos bíblicos en los que las profecías mencionadas arriba, tanto del Antiguo, como del Nuevo Testamento, se llevaron a cabo.

En Hechos 2.1-4, Los primeros discípulos. *"…Y fueron todos llenos del Espíritu Santo, …"*

En Hechos 4.31, La primera congregación *"…y todos fueron llenos del Espíritu Santo, …"*

En Hechos 8.17, a los hermanos en Samaria " *...les imponían las manos, y recibían el Espíritu Santo ...*"

En Hechos 9.17, A Pablo " *...y seas lleno del Espíritu Santo ...*"

En Hechos 10.44, En la casa de Cornelio, el centurión, " *...el Espíritu Santo cayó sobre todos los que oían el discurso ...*"

Y la lista sigue y sigue ...

IV. Demostración y evidencia de haber recibido el Espíritu Santo

Otro de los asuntos que conviene mencionar cuando se estudia sobre el recibimiento del Espíritu Santo tiene que ver con la pregunta; ¿Cómo nos damos cuenta de que alguien recibió el Espíritu Santo? Esta es una pregunta muy importante, ya que muchas veces se crea cierta confusión de si una persona ya recibió el Espíritu cuando realmente no lo ha recibido y viceversa. Hay personas que dicen que no lo han recibido, cuando en realidad, ya lo tienen. Existen al menos tres señales para reconocer que una persona ha sido llena del Espíritu Santo, a las que llamamos "evidencias"

A. *La evidencia inicial es hablar en otras lenguas*

La primera evidencia que se puede observar en una persona que ha sido llena del Espíritu Santo es la de hablar en otras lenguas. Algunos de los textos base para esta postura se encuentran en el libro de los Hechos de los Apóstoles.

El *primer incidente* ocurre en la espera de los discípulos por la promesa de Jesús (Lucas 24.49). Ellos estaban en el aposento alto (Una pieza en la azotea de una casa) y allí se cumplió la promesa del Padre. El texto dice:

"...y de repente vino del cielo un estruendo como de un viento recio que soplaba ... y se les aparecieron lenguas repartidas, como de fuego ... y fueron todos llenos del Espíritu Santo, y comenzaron a hablar en otras lenguas, según el Espíritu les daba que hablasen." (Hechos 2.1-4)

¡Imagínese! Ese día fue histórico, ya que se había hablado mucho de esto y muchos lo estaban esperando. Ellos *recibieron el Espíritu Santo* y hablaron en otras lenguas. Este incidente marca el gran inicio de una escalada de manifestaciones del Espíritu en la vida de los primeros creyentes. Por lo tanto, es fundamental su estudio, ya que este fue el cumplimiento de las promesas del Antiguo Testamento y las promesas de Jesús.

El *segundo incidente* ocurrió en Samaria con Felipe. Pedro y Juan habían llegado hasta Samaria, donde había un grupo de cristianos bautizados en agua en el nombre de Jesús, pero que aún no habían sido bautizados con el Espíritu Santo. Por este motivo Pedro y Juan impusieron sus manos sobre ellos y recibieron el Espíritu Santo (Hechos 8.17)

Este es el único pasaje en Hechos donde no se menciona que los creyentes hayan hablado en nuevas lenguas y es de mucha discusión. Sin embargo, muchos grupos pentecostales modernos, creen que, sí lo hicieron, pues Simón el mago, había querido comprar el don del Espíritu Santo por haber visto un gran prodigio, que muchos teólogos suponen, fue el don de lenguas manifestado en los samaritanos. Por otra parte, en el relato de Lucas sobre el alcance de Pentecostés se deja ver la continuidad del Pentecostés de Hechos 2.

Cuando los apóstoles que estaban en Jerusalén oyeron que Samaria había recibido la palabra de Dios, enviaron allá a Pedro y a Juan; los cuales, habiendo venido, oraron por ellos para que *recibiesen el Espíritu Santo*; porque aún no había descendido sobre ninguno de ellos, sino que solamente habían sido bautizados en agua en el nombre de Jesús. Entonces les imponían las manos, y recibían el Espíritu Santo. (Hechos 8:14-17). Si consideramos la unidad literaria del relato de Lucas debemos presumir que cuando dice *recibieron el Espíritu Santo* (Hechos 2:1-4; 17; 10: 45,46, 19:1-6) se refiere al mismo tiempo que *hablaron en lenguas*.

El *tercer incidente* ocurrió en la casa de Cornelio, cuando éste estaba muy atento escuchando la palabra que Pedro le estaba hablando, cuando de repente el Espíritu descendió sobre todos los que oían al Apóstol. Después de haber recibido la visita de Dios y las indicaciones de Pedro:

> *"...el Espíritu Santo cayó sobre todos los que oían el discurso ... porque los oían que hablaban en lenguas, y que magnificaban a Dios ..." (Hechos 10.44-46)*

Todos en esa casa, hablaron en lenguas. Notemos, que Cornelio es el primer gentil en recibir la promesa del Padre.

Un *cuarto evento* se menciona en Hechos 19 cuando el Apóstol Pablo encuentra unos discípulos de Juan y les pregunta, si han recibido este gran regalo de Dios. Sin embargo, ellos sorprendidos por la pregunta contestan que ni siquiera saben si hay Espíritu Santo. Después de esto, oran por ellos y sucede lo que estamos diciendo.

> *"...vino sobre ellos el Espíritu Santo; y hablaban en lenguas y profetizaban ..." (Hechos 19.1-6)*

También estos discípulos, al recibir el Espíritu Santo hablaron en lenguas.

Por lo tanto, el hablar en lenguas es entonces la evidencia inicial de haber recibido el Espíritu Santo. Esto fue justamente lo que sucedió con la Iglesia primitiva y los primeros cristianos. Ahora bien, conviene preguntarnos también, ¿Qué es el hablar en lenguas? A continuación, veamos una breve explicación sobre este asunto.

B. La práctica de hablar en lenguas

Como hemos mencionado en el inciso anterior, hablar en lenguas era una práctica común de la Iglesia primitiva y de los primeros cristianos. El

Apóstol Pablo, trata de explicar este tema y escribe un capítulo entero sobre esta realidad de una forma clara y categórica a la Iglesia de Corinto, (1 Corintios 14).

Pablo comienza hablando sobre los dones del Espíritu y la importancia de profetizar en referencia a los dones espirituales. Veamos cómo desarrolla el tema a través del todo capítulo.

1. En el v. 2 dice: *"Porque el que habla en lenguas no habla a los hombres, sino a Dios ..."*. Aquí surge el primer punto importante. Cuando el creyente habla en lenguas habla con Dios y no con los hombres.

2. En el v.4 el apóstol dice: *"El que habla en extraña lengua, a sí mismo se edifica ..."*. Este es otro asunto fundamental. El creyente recibe edificación cuando habla en lenguas. Alguien puede preguntar a qué clase de edificación se refiere, ya que no entiende lo que habla. Esta edificación tiene que ver con la fuerza, la fe y la bendición que recibe una persona cuando Dios lo está llenando de su espíritu. Recordemos que Cristo dijo que la labor del Espíritu era "consolar al creyente" (Juan 14.26; 15.26;16.7)

3. En el v.22 también enseña la razón del hablar en lenguas. En el verso 21 Pablo utiliza la profecía de Isaías 28.11-14 (donde se usa la palabra "lengua de tartamudos"). Sin embargo, en el verso 22 dice que, *" ...Así que, las lenguas son por señal, no a los creyentes, sino a los incrédulos; ...".* Esta puede ser entonces la tercera razón por la cual se habla en lenguas; esta es para testimonio a los que no son cristianos, o a aquellos que no creen, como era el caso de los Israelitas, cuando fue dada la profecía de Isaías.

4. Por último, en el v.39 Pablo cierra aconsejando a la iglesia que, aunque la persona que recibe el Espíritu no entienda lo que habla en lenguas, no se le debe de impedir hablar. *" ...y no impidáis el hablar en lenguas ..."* Pero todo esto se debe de hacer decentemente y en orden (V. 40) y esa debe de ser la norma.

C. Demostraciones físicas

Aparte de las citas bíblicas anteriores que comprueban que los creyentes hablaron en otras lenguas como evidencia inicial de haber recibido el Espíritu Santo. También es interesante observar que otros notaron la manifestación del Espíritu sobre ellos, porque hubo demostraciones físicas, por ejemplo:

Cuando se recibió por primera vez y Pedro está explicando a los oyentes sorprendidos. *" ...ha derramado esto que vosotros veis y oís"* (Hechos 2.33) Notemos las palabras, "Veis y oís" En otras palabras, el que recibe el Espíritu Santo emite voces y acciones que se oyen y se ven. Es normal observar a una persona que cuando recibe el Espíritu Santo, levante las manos y alabe a Dios fuertemente, en algunos casos llora, pero no de tristeza sino de gozo. En ocasiones salta y brinca de alegría, y lo mejor de todo, habla en otras lenguas.

La demostración física que estaban observando cumplía con la profecía de Joel.

> *"...y estaban todos atónitos y perplejos, diciéndose unos a otros: ¿Qué quiere decir esto? ... Mas esto es lo dicho por el profeta Joel ..."* (Hechos 2.12-17)

Joel había dicho que los que lo reciban verán visiones, soñaran sueños y aun en el cielo se verán señales.

Otro incidente se lleva a cabo, cuando reciben el Espíritu y comienzan a hablar la palabra de Dios con libertad y facilidad.

> *"...el lugar en que estaban congregados tembló; y todos fueron llenos del Espíritu Santo, y hablaban con denuedo la Palabra de Dios"* (Hechos 4.31)

Esta señal fue una de las señales más importantes en los primeros cristianos, ya que todo aquel que recibía el Espíritu Santo recibía una facilidad para hablar la palabra de Dios.

Un caso también muy sonado fue el de Simón el mago,

> *"Cuando vio Simón que por la imposición de las manos de los apóstoles se daba el Espíritu Santo, les ofreció dinero ..." (Hechos 8.18)*

Éste vio de forma clara que la gente recibía el Espíritu y experimentaba ciertas manifestaciones en sus vidas, lo cual le llamó la atención al mago y pidió recibir lo que ellos habían recibido.

Entonces, debemos establecer que aquellos que recibían el Espíritu Santo mostraban ciertas señales físicas en sus cuerpos al punto que mostraban que algo sobrenatural estaba pasando en ellos. O sea, que los que estaban alrededor de ellos, vieron y oyeron algo muy tremendo que los dejó atónitos y perplejos.

D. Demostraciones de poder

Pero quizás una de las partes importantes de recibir el Espíritu Santo es el cumplimiento de las palabras de Jesús a sus discípulos, cuando les dijo:

> *"Pero recibiréis poder, cuando haya venido sobre vosotros el Espíritu Santo, ..." (Hechos 1.8).*

El poder es la demostración más grande de que una persona ha recibido el regalo más grande de Dios después de la salvación. Una persona recibe una fuerza espiritual para hacer muchas cosas que antes no podía hacer. Veamos algunos ejemplos de este poder.

El primer milagro operado por los apóstoles bajo la influencia del Espíritu Santo fue la curación de un cojo de nacimiento, (Hechos 3.1-10). En esta ocasión Pedro le habla al cojo de la siguiente manera;

> *"...No tengo plata ni oro, pero lo que tengo te doy; en el nombre de Jesucristo de Nazaret, levántate y anda."* (Hechos 3.6)

De allí en adelante vendrían muchos milagros más, a tal grado que el escritor del libro de los Hechos dice lo siguiente:

> *"Y por la mano de los apóstoles se hacían muchas señales*
> *y prodigios en el pueblo; …" (Hechos 5.12)*

Otra manifestación de este poder se manifiesta en características del creyente tal y como observamos en Esteban.

> *"Y Esteban, lleno de gracia y de poder, hacía grandes*
> *prodigios y señales entre el pueblo." (Hechos 6. 8)*

E. Transformación personal.

Por último, la otra evidencia de haber recibido el espíritu Santo, es el cambio en la vida de la persona y la manifestación de los frutos del Espíritu en ella (Gálatas 5.22 -23). Para muchas personas este último punto puede ser no tan importante, ya que usualmente, se les presta más atención a las cosas de milagros y a cosas que causan sensación. Sin embargo, el cambio y la transformación personal es la obra más grande del Espíritu Santo en una persona.

V. Cómo recibir el Espíritu Santo

Vamos a cerrar este capítulo con algunos consejos para recibir el Espíritu santo, ya que a veces hay personas que se preguntan cómo lo pueden recibir.

A. La manifestación del Espíritu Santo

A veces se torna un poco complicado para que la gente reciba el Espíritu Santo, especialmente para aquellas personas que son calladas y reservadas. En esos casos, alguien puede llegar a pensar, que *"eso no es para nosotros"*. Sin embargo, la Biblia también registra un caso en que aquellos que ya se habían bautizado, todavía no habían podido recibirlo.

Esto sucedió en Samaria durante la predicación evangelística que se estaba llevando a cabo. La gente se bautizaba por el movimiento que se estaba realizando, sin embargo, no fue sino hasta que vino Pedro y Juan a supervisar el trabajo que oraron por ellos para que lo recibieran, lo cual sucedía cuando les imponían las manos (Hechos 8. 14-17).

Este incidente nos deja ver claramente que no todos los casos son como el de Cornelio quien, al solo escuchar la palabra de Dios, ya estaba hablando en lenguas (Hechos 10.48), sino que habrá quienes batallaran un poco para recibirlo, pero eso es algo que se debe de buscar.

B. ¿Cómo recibir el Espíritu Santo?

Por último, considero que para recibir el Espíritu Santo no hay una fórmula "mágica" o algún truco o mucho menos alguien puede tomar clases para recibir este regalo que ya Dios ha dado por la fe a los creyentes. Lo que sí creemos es que hay ciertos requisitos que si son necesarios para que una persona pueda recibirlo con mayor facilidad.

1. La persona debe QUERER recibirlo

El primer requisito para recibir el Espíritu Santo es querer recibirlo. Por simple lógica, Dios no le dará el regalo del Espíritu a aquel que no lo desee recibir. Al menos eso fue lo que dijo Cristo a todos sus oyentes.

> "En el último y gran día de la fiesta, Jesús se puso en pie y alzó la voz, diciendo: Si alguno tiene sed, venga a mí y beba. El que cree en mí, como dice la Escritura, de su interior correrán ríos de agua viva. Esto dijo del Espíritu que habían de recibir los que creyesen en él; ..." (Juan 7.37-39)

En este texto podemos ver claramente que solo aquellos que tienen sed del Espíritu, lo único que tienen que hacer es acercarse para beber de la fuente que es Jesús.

2. La persona lo debe PEDIR

El segundo requisito es que la persona interesada lo tiene que pedir. Hay múltiples ocasiones donde se nos exhorta a pedirle a Dios lo que deseamos. Sin embargo, uno de los textos claves para este particular es el siguiente dicho por el Señor.

> *"Pues si vosotros, siendo malos, sabéis dar buenas dádivas a vuestros hijos, ¿cuánto más vuestro Padre celestial dará el Espíritu Santo a los que se lo pidan?"* (Lucas 11.13)

3. La persona lo debe BUSCAR hasta que lo reciba

El tercer requisito es buscarlo; y cuando hablamos de buscarlo, no es que Dios se ha perdido y no se le encuentra, sino que hay que orar, y orar, hasta que lo recibamos. Esa fue precisamente la orden de Jesús.

> *"He aquí, yo enviaré la promesa de mi Padre sobre vosotros; pero quedaos vosotros en la ciudad de Jerusalén, hasta que seáis investidos de poder desde lo alto".* (Lucas 24.49)

Ellos estuvieron 10 días esperando la promesa de Cristo, en oración y ruego; pero el día décimo el Señor los bendijo con este regalo tan especial. Dios siempre dará a sus hijos, su bendición cuando lo buscan de todo corazón.

4. Se debe ORAR por el Espíritu Santo

Por último, y solo en última instancia, se debe hacer una oración especial si quiere recibirlo. Eso fue lo que hicieron Pedro y Juan con los hermanos samaritanos, ya que ellos habían pasado por el proceso de conversión, habían oído la palabra y habían sido bautizados, pero no habían recibido todavía el bautismo del espíritu Santo.

> *"Entonces les imponían las manos, y recibían el Espíritu Santo."* (Hechos 8.17)

A veces se necesita un poco más de presión para que descienda ese poder sobre los creyentes. Esto es el toque de aquellos que han sido ungidos y seleccionados por Dios como ministros, para orar por los hermanos *imponiéndoles las manos*. En efecto, hay quienes tienen el don de Dios de poder orar por las personas y estas reciben el regalo del Espíritu Santo.

Conclusión

Como hemos visto en este capítulo, hemos aprendido muchas cosas sobre uno de los regalos más grandes que ha recibido el creyente y este es la llenura del Espíritu Santo.

Además, hemos aprendido el impacto que tiene en la vida de los creyentes el ser lleno de este maravilloso poder que Cristo nos dejó para servirle.

Por lo tanto, se debe de buscar y buscar hasta que se reciba, pues además de ser una necesidad, es de gran bendición para la jornada cristiana.

Capítulo 13

La santidad

≈

"Porque escrito está: Sed santos, porque yo soy santo."

(1 PEDRO 1.16)

Introducción

Una de las practicas que distingue al verdadero cristiano de los cristianos religiosos y falsos, es la vida de santidad que llevan aquellos que sirven a Dios. La santidad es lo que distingue a una iglesia liberal de una conservadora y además es un punto muy importante y necesario, especialmente en un tiempo tan peligroso como el de hoy. Cuando hablamos de ser conservadores, no estamos hablando de ser legalistas y mucho menos extremistas, sino uno que se aparta de este mundo pecador. Sabemos que Dios es santo, pero ¿podrán los mortales ser santos? Por lo tanto, en este capítulo exploraremos todos los pormenores sobre lo que es y cómo se vive una vida santa delante de Dios.

I. Definición

La palabra santo y sus diversas aplicaciones, viene de la palabra griega "Jagios", que quiere decir: *"Separado para Dios"* y en su sentido moral y espiritual, "separado del pecado y por lo tanto consagrado a Dios". Es aplicable tanto a Dios como a las personas. Esta palabra también tiene una estricta relación con la condición de aquellos con son separados para un servicio exclusivo a Dios. Esta palabra tiene su raíz en el texto hebreo *Qadôsh* la cual tiene un estricto sentido religioso y se aplica tanto a objetos, lugar y días.[49]

Una aplicación de esta palabra se deja ver cuando Dios le dice a su pueblo,

> *"Y vosotros me seréis un reino de sacerdotes, y gente santa." (Éxodo 19.6)*

Además, se utiliza cuando se refiere al agua en el proceso de purificación en las ceremonias del culto hebreo.

> *"Luego tomará el sacerdote del agua santa en un vaso de barro" (Números 5.17).*

Finalmente, se refiere al día de reposo que deberían guardar los hijos de Israel por sus generaciones.

> *"Así que guardaréis el día de reposo, porque santo es a vosotros; el que lo profanare, de cierto morirá; ..." (Éxodo 31.14).*

Como podemos apreciar, Dios había santificado todo aquello que tenía una relación o conexión con Él o con su servicio, de tal manera, que el agua, los utensilios, la gente y hasta el día que había sido dedicado, eran santos.

En nuestro contexto "una persona santa", es un cristiano separado del mundo para servir a Dios, tal y como dicen algunos textos bíblicos: Éxodo 19. 6, 22.31, Deuteronomio 33.2, 3 y 8, Salmos 50.5, 106.16, Daniel 7.21, Hechos 9.13, 32 y 41. Pero este asunto de la santidad tiene una estricta relación con nuestro Señor ya que habla de la naturaleza de Dios y de como él quiere que la gente lo entienda. En otras palabras, la santidad habla de Dios, de su carácter y de su naturaleza. Dios es moralmente santo (Levítico 11.44) y en poder (1 Samuel 6.20). Él es el

---

[49] W.E. Vine, *Diccionario expositivo de palabras del Antiguo y Nuevo Testamento*, (Nashville, TN: Grupo Nelson, 2007).

Santo de Israel (Isaías 1.4) Se le llama Dios santo (Isaías 5.16) y El Santo (Isaías 40.25). Su nombre es Santo:

"Porque así dijo el Alto y Sublime, el que habita la eternidad, y cuyo nombre es Santo; ..." (Isaías 57.15)

En otras palabras, todo lo que se refiere a Dios, su presencia, su espacio, sus obras y su campo de acción es santo. Baste solamente ver las palabras que le dijo a Moisés cuando se le apareció en aquella zarza.

"...No te acerques; quita tu calzado de tus pies, porque el lugar en que tú estás, tierra santa es. (Éxodo 3.5).

Entonces, tomando en consideración el párrafo de arriba, no solamente Dios es santo, sino que todo lo que se acerca a él debe santificarse, por lo tanto, nosotros los cristianos, debemos de ser santos también. El Apóstol Pablo utiliza la palabra "santos" muchas veces cuando se refiere a los cristianos. Vea Romanos 8.27, 1 de Corintios 14.33, Efesios 1.1, Filipenses 1.1, Colosenses 1.1.

II. La necesidad de la santidad

La santidad es un asunto fundamental en el cristianismo y no debe de ser un asunto aislado o mucho menos descuidado, sino más bien algo importante y necesario para el hijo de Dios. En este inciso estudiaremos la razón de esta necesidad y las repercusiones que tiene el apartarse de ello.

A. La santidad es necesaria para la salvación

En primer lugar, tenemos que entender que la santidad tiene una estricta relación con la salvación del individuo. Esta quizás debe de ser una de las necesidades más grandes que tiene un cristiano referente a su salvación. La Biblia dice lo siguiente:

"Dios es santo y él quiere que todo aquel que tiene la esperanza de verle cara a cara, se purifique." (1 de Juan 3.2-3)

Como podemos ver aquí, nuestro Dios ha puesto las cosas muy claras. Si alguien quiere verle un día, debe entonces santificarse.

Otro de los textos muy usados por los proponentes de esta postura también, se encuentra en hebreos y dice:

"Seguid la paz con todos, y la santidad, sin la cual nadie verá al Señor" (Hebreos 12.14)

En este último verso, se ratifica otra vez que nadie puede ver a Dios cara a cara, a menos de que se santifique. Es importante considerar que, si Dios exigió santificar, el agua, los utensilios, los días, los sacerdotes que oficiaban los cultos y aun todo el pueblo de Israel, cuanto más a su iglesia, la cual fue lavada con su sangre preciosa.

B. La santidad como requisito para servir a Dios

El segundo asunto para considerar respecto a la santidad tiene que ver con el servir a Dios. Aunque Dios quiere que toda persona le sirva y se entregue a él, no obstante, Dios reclama una vida santa de todos aquellos que deseen servirlo. Cuando estudiamos este tema en las escrituras podemos encontrar que Dios fue muy directo con aquellos a quienes estaba llamando para que le sirvieran. Por ejemplo, a los sacerdotes del Antiguo Testamento, Dios les dijo:

"No se contaminará como cualquier hombre de su pueblo, haciéndose inmundo. No harán tonsura en su cabeza, ni raerán la punta de su barba, ni en su carne harán rasguños." (Levítico 21.4-7)

Por lo tanto, los sacerdotes estaban consagrados a Dios y deberían cuidarse de muchas maneras. Alguien puede pensar que, si no era sacerdote, entonces estaba exento. Sin embargo, no es así; el pueblo de Dios en general debe de ser santo. Eso lo observamos cuando Dios iba a descender al Sinaí para darles las leyes. Dios mandó a santificar a todo el pueblo.

> *"Ve al pueblo, y santifícalos hoy y mañana; y laven sus vestidos, y estén preparados para el día tercero, porque al tercer día Jehová descenderá a ojos de todo el pueblo sobre el monte de Sinaí." (Éxodo 19.10-11)*

En cuanto a la Iglesia, tenemos que decir que las mismas palabras y mandamientos sobre la santidad aplican para ella, ya que la iglesia de hoy es ese pueblo de Dios, ese real sacerdocio y esa nación santa (1 Pedro 2.9) Además, el apóstol Pablo nos enseña que fuimos escogidos por Dios antes de la fundación del mundo, precisamente para ser santos.

> *"Según nos escogió en él antes de la fundación del mundo, para que fuésemos santos y sin mancha delante de él ..." (Efesios 1.4).*

Por lo tanto, hemos sido llamados para servirle y para eso hay que santificarnos permanentemente.

C. La santidad como estilo de vida

La santidad en la iglesia no es un asunto puramente simbólico o simplemente espiritual. La verdadera santidad es algo que se practica en la vida diaria. Es decir, nuestro comportamiento debe mostrar que vivimos una vida santa. La santidad incluye toda nuestra vida cristiana, en todo tiempo y en todo lugar. No se aplica solamente al hombre exterior sino también al hombre interior, los cuales en perfecta armonía ceden a la voluntad de Dios. Uno de los textos favoritos para hablar de esto a la Iglesia, es el predicado por el apóstol Pedro.

> *"...Como aquel que os llamó es santo, sed también vosotros santos en toda vuestra manera de vivir; porque*

escrito está: Sed santos, porque yo soy santo." (1 de Pedro 1.15-16)

Como podemos observar, en este versículo se recopila todo lo que hemos dicho anteriormente sobre este maravilloso tema. El que nos llamó es santo, por lo tanto, nosotros debemos de ser santos también y eso se manifiesta en la forma que vivimos nuestra vida.

También Pablo exhorta a los corintios a que se mantengan limpios en su totalidad.

> *"Así que, amados, puesto que tenemos tales promesas, limpiémonos de toda contaminación de carne y de espíritu, perfeccionando la santidad en el temor de Dios." (2 de Corintios 7.1)*

El apóstol es bastante claro en especificar el significado de la santidad enfatizando que esta tiene que ver con limpiarse de toda contaminación de carne y de espíritu. La carne aquí se refiere a nuestro cuerpo y el espíritu se refiere a nuestro ser interior.

Es importante mencionar que una santidad que no afecta nuestra manera de vivir es simplemente una fantasía religiosa. Dios desea que mostremos a los hombres que somos personas diferentes y la única manera de mostrarlo es con nuestro comportamiento.

III. La santidad interior

La santidad verdadera comienza en el interior del ser humano y luego se manifiesta externamente. Es aquí precisamente donde se mira la santidad de la persona, ya que todo su com-portamiento procede de su corazón. El Señor Jesucristo lo puso bien claro:

> *"Porque del corazón salen los malos pensamientos, los homicidios, los adulterios, las fornicaciones, los hurtos, los falsos testimonios, las blasfemias." (Mateo 15.19)*

La santidad interior trata con la pureza de nuestros pensamientos, sentimientos y todos aquellos deseos internos que solamente nosotros conocemos. Ese precisamente era el problema que tenían los religiosos de la época de Jesús y a los cuales nuestro Maestro tuvo que reprender duramente.

> *"¡Ay de vosotros, escribas y fariseos, hipócritas! porque limpiáis lo de fuera del vaso y del plato, pero por dentro estáis llenos de robo y de injusticia. ¡Fariseo ciego! Limpia primero lo de dentro del vaso y del plato, para que también lo de fuera sea limpio."* (Mateo 23.25-26)

Para estos religiosos la santidad consistía en mostrarse a los hombres como personas apartadas, selectas y muy santas, pero la verdad es que estaban fallando desde su interior, ya que el mal lo tenían en el corazón.

IV. Viviendo la santidad desde adentro

Todo aquel que quiera agradar al Señor deberá vivir una vida santa la cual debe comenzar desde su interior. Es decir, debe tener buenos sentimientos, buenos pensamientos y sobre todo debe de cuidar lo que sale de su interior.

A. La santidad de la mente

La primera área en la cual debemos trabajar es en nuestra mente. La mente es el motor que mueve todo lo que nosotros pensamos. Con nuestra mente procesamos toda clase de pensamientos, tanto limpios como pecaminosos. Por lo tanto, la santidad comienza reemplazando todo pensamiento sucio, malo y negativo con pensamientos puros, santos y buenos. La Biblia nos aconseja que debemos llevar cautivo todo pensamiento a la obediencia de Cristo (2 Corintios 10.5) y además también nos aconseja que filtremos todo pensamiento que viene a nuestra mente y solo pensemos en,

"...todo lo que es verdadero, todo lo honesto, todo lo justo, todo lo puro, todo lo amable, todo lo que es de buen nombre; si hay virtud alguna, si algo digno de alabanza, en esto pensad." (Filipenses 4.8)

B. La santidad del corazón

La otra área en la cual se debe de manifestar la santidad tiene que ver con el corazón. El corazón es el asiento de nuestras emociones y nuestros deseos. Es en el corazón donde se fabrican nuestros sentimientos más puros o también los más bajos. Un corazón no santificado puede incubar y dar a luz lo que dijo Jesús:

"Porque del corazón salen los malos pensamientos, los homicidios, los adulterios, las fornicaciones, los hurtos, los falsos testimonios, las blasfemias." (Mateo 15.19).

Además, es en el corazón donde se crean todos los Sentimientos pecaminosos como odio, rencor, amargura, engaño, soberbia y envidia.

El verdadero cristiano ha sometido su mente y corazón a Cristo y lo ha crucificado junto con él; por lo tanto, todo lo antes mencionado ni siquiera debe manifestarse en una persona que ya ha sido lavada y perdonada.

C. La santidad de nuestras palabras

Nuestra lengua tiene una estricta conexión con nuestra mente y con nuestro corazón, pues la vamos a usar para expresar lo que sentimos y lo que pensamos. Es un tema muy importante cuando se habla de santidad. Jesús dijo que *"de la abundancia del corazón habla la boca" (Mateo 12.34)* por lo tanto, necesitamos prestarle atención al uso de la lengua.

Santiago es el escritor bíblico que nos da una disertación sobre este particular y pone de manifiesto, lo bueno y lo muy malo que se puede hacer con nuestra lengua, y lo expresa en el capítulo 3 de su epístola. En el verso 2 comienza hablando de las ofensas que todos hacemos. Obviamente, las ofensas se hacen de muchas maneras, pero usualmente ofendemos con nuestras palabras. Luego habla del poder de la lengua, el cual como un timón es capaz de mover un barco:

> *"...la lengua es un miembro pequeño, pero se jacta de grandes cosas ..."*. 3: 4-5, [luego sigue diciendo] *"Y la lengua es un fuego, un mundo de maldad. La lengua está puesta entre nuestros miembros, y contamina todo el cuerpo, e inflama la rueda de la creación, y ella misma es inflamada por el infierno."* (3.6)

La *lengua es un mundo de maldad*, es un miembro nuestro que puede tener una conexión directa con el mismo infierno. Luego, agrega aún más: *"la lengua, es un mal que no puede ser refrenado, llena de veneno mortal"* (3.8) Por último, cierra su disertación mencionando que no podemos bendecir a Dios con ella y maldecir a los hombres, y mucho menos sacar agua dulce o amarga de la misma fuente (3.9-11).

Solo para que tengamos idea de lo que estamos hablando, la Biblia provee una lista de pecados de la lengua, la cual, obviamente, se tienen que dejar si uno quiere vivir una vida santa. A continuación, veremos algunas de las cosas que proceden del mal uso de la lengua.

- Hablar palabras corrompidas. Efesios 4.29.
- Enojo, ira, gritería, maledicencia y malicia. Efesios 4.31.
- Palabras indecentes. Colosenses 3.8.
- Blasfemias y palabra injuriosas. 1 Timoteo 6.4.
- El chisme. Proverbios, 16.28; 18.8; 1 Timoteo 5.13.
- Murmurar. 1 de Corintios 10.10.
- Mentir. Efesios 4.25.

D. La santidad de nuestra carne

Por último, debemos mencionar que todo lo que pensemos y sintamos en lo profundo de nuestro corazón y mente, se ha de manifestar en nuestro exterior. Aunque este punto lo trataremos más adelante, conviene cerrar con el análisis de las obras de la carne, las cuales también proceden de un corazón no santificado. Pablo dice lo siguiente;

"Y manifiestas son las obras de la carne, que son: adulterio, fornicación, inmundicia, lascivia, idolatría, hechicerías, enemistades, pleitos, celos, iras, contiendas, disensiones, herejías, envidias, homicidios, borracheras, orgías, y cosas semejantes a estas; acerca de las cuales os amonesto, como ya os lo he dicho antes, que los que practican tales cosas no heredarán el reino de Dios." (Gálatas 5: 19-21)

Debemos notar que "la carne" en este contexto se refiere a las pasiones desordenadas, las cuales se comienzan en el corazón y se llevan a cabo en nuestros miembros. Es interesante notar, que cierra el texto con una fuerte condena a todos los practicantes de estas obras de la carne, diciendo: *"no heredaran el reino de Dios".* Por lo tanto, somos exhortados a vivir en santidad.

Terminamos este inciso enfatizando, que la santidad interior entonces, trata con muchos asuntos que tienen que ver con nuestro hombre interior, por lo que es de vital importancia que le prestemos atención para no parecernos a los escribas y fariseos que vivían una santidad falsa e hipócrita.

V. La santidad exterior

La Iglesia de Cristo cree y debe vivir en santidad, y lo cree por que la Biblia lo enseña, pero también porque es una exigencia de Dios, como ya hemos mencionado en capítulos anteriores. Dios quiere que su pueblo sea santo, pero esa santidad se refleja a través de nuestros actos y nuestro comportamiento. Razón por la cual dedicamos este capítulo a puntos que a veces no se le prestan importancia, especialmente en una sociedad como la que vivimos hoy.

A. La importancia de la santidad exterior

Muchos piensan y dicen que a Dios solo le importa el corazón y que no le importa cómo nos vemos por fuera, sin embargo, debemos decir que esa es una gran equivocación. A Jesús si le importó la santidad exterior cuando dijo:

"¡Fariseo ciego! Limpia primero lo de dentro del vaso y del plato, para que también lo de fuera sea limpio." (Mateo 23.26)

Cristo deja ver claramente su posición respecto a lo que se ve por fuera del individuo y para él lo que se mira por fuera representa lo que el hombre tiene por dentro. De esto mismo nos menciona lo siguiente:

"...Porque de la abundancia del corazón habla la boca. El hombre bueno, del buen tesoro del corazón saca buenas cosas; y el hombre malo, del mal tesoro del corazón saca malas cosas." (Mateo 12.34-35)

Entonces, si una persona tiene una vida interna santa y pura, así mismo lo reflejará en su exterior en todos los sentidos.

B. La práctica de la santidad exterior

Una de las formas más clara sobre la práctica de la santidad exterior se manifiesta por la forma de vestir, de hablar, de peinarnos y por la forma que nosotros nos comportamos ante la sociedad. Como hijos de Dios somos la luz del mundo y por lo tanto debemos dar un buen testimonio.

"La ropa no hace a un cristiano, pero los cristianos revelan su identidad por medio de su ropa y apariencia" (Bacchiocchi).[50]

C. Las reglas de Dios sobre la vestimenta

1. El Vestuario del sacerdote.

Cuando Dios llamó a Israel su pueblo, también les dio reglas que debían de seguir. Cuando el llamó a sus sacerdotes, también les dio reglas que debían de cumplir. El sacerdote no vestía cualquier ropa; tenía que

---

[50] Samuele Bacchiocchi, Ph.D., *Vestimenta y Ornamentos en el Nuevo Testamento,* Andrews University. en: http://www.laicos.org/sbvestimentantcap3.htm

vestirse conforme a lo que Dios les había establecido, pues su vestimenta era sagrada. Dios le había dicho a Moisés:

"harás vestiduras sagradas a Aarón tu hermano, para honra y hermosura ..." (Éxodo 28.2-36)

La vestidura del sacerdote estaba llena de tipología, cada detalle había sido considerado y dictado de parte de Dios. Si a Dios no le importara cómo se visten sus hijos no lo hubiera establecido, pero a él le importa este tema y si a Dios le importa, a nosotros también nos debe de importar.

2. La vestimenta del hombre y la mujer

Para Dios hay una clara visión de cómo debe de vestirse tanto el hombre, como la mujer y lo dejó bien establecido desde la antigüedad. Cada persona tiene que vestirse apropiadamente y respetar su género, ya que Dios lo puso bien claro.

"No vestirá la mujer traje de hombre, ni el hombre vestirá ropa de mujer; porque abominación es a Jehová tu Dios cualquiera que esto hace." (Deuteronomio 22.5)

En aquellos tiempos las principales prendas eran la túnica interior, muy ajustada al cuerpo, y un Manto exterior. Así las usaban igualmente hombres y mujeres (Job 30.18; Cantares 5.3; Génesis 37.3). A esas dos prendas a veces se agregaba un cinto, una capa (para la lluvia) y unas sandalias (Isaías 3.24; Mateo 5.40).

Las mujeres usaban, además, un velo, el cual era la prenda que más distinguía a la mujer del hombre en lo referente al vestuario.

Otras prendas que hacían diferentes a los hombres de las mujeres eran las filacterias, pues solo las usaban los hombres. Que las mujeres se vistieran como guerreras no era correcto (Mattew Henry).

Por lo antes mencionado, ¿Cómo entonces podemos distinguir la vestimenta entre un hombre y una mujer?

Tradicionalmente se reconoce que los hombres deben de usar pantalones y las mujeres deben de usar falda. Aunque este tema puede ser diferente en algunas tradiciones religiosas, no obstante, la costumbre por muchos años ha sido así.

D. Reglas para la vestimenta

1. ¿Cómo debe ser la vestimenta?

También, es importante resaltar la forma en que el cristiano se debe de vestir para dar una buena imagen de lo que es. Para enseñarnos sobre esto, el apóstol Pablo nos habla sobre este tema en su carta a Timoteo y dice:

> *"Asimismo, que las mujeres se atavíen de ropa decorosa, con pudor y modestia; no con peinado ostentoso, ni oro, ni perlas, ni vestidos costosos, sino con buenas obras, como corresponde a mujeres que profesan piedad." (1 de Timoteo 2.9-10)*

De este texto podemos adquirir algunas palabras que nos muestran la forma en que un (a) cristiano (a) se debe de vestir. Estas palabras son, decoro, pudor y modestia. Ahora bien, aunque este texto se refiere a las mujeres, esto no significa que la palabra no se aplique a los hombres.

2. Ropa decorosa.

La palabra *decoro* quiere decir, honor, respeto y reverencia. La ropa de la mujer cristiana debe indicar honor, respeto y reverencia. Los cristianos deben vestir bien y elegantes conforme a sus posibilidades, pues el ser cristiano no debe ser símbolo de descuido y mucho menos deben causar lástima.

3. Pudor

La palabra pudor quiere decir: *"sentimiento de reserva hacia lo que puede tener relación con el sexo"*. Esto quiere decir que cuando la mujer o el hombre se viste con pudor, por lo general, considera que su vestimenta no tenga relación con el sexo, o sea que no se muestre la parte sexual. La misma regla aplica para los varones, ya que no hay distinción entre uno y otro.

4. Modestia.

La palabra Modestia quiere decir que debe ser sencillo, no lujoso. Este es otro asunto que debemos considerar y es que la elegancia también no puede irse hasta el otro extremo. Los cristianos deben usar modestia cada vez que se visten y no gastar una fortuna en la ropa.

E. Sobre la desnudez

El otro asunto que conviene que tratemos es sobre la desnudez ya que en este siglo XXI también está causando una fuerte influencia en la sociedad. Dios ha sido muy estricto en el asunto de la desnudez y no desea que sus hijos muestren su desnudez a nadie, salvo a su pareja. Recuerde que el pecado de Cam fue el ver a su padre desnudo. (Génesis 9.22-27)

También debemos agregar que Dios tenía ciertas reglas para que no se descubriera la desnudez. Por ejemplo, hay un texto que dice:

> "No subirás por gradas a mi altar, para que tu desnudez no se descubra junto a él". (Éxodo 20.26)

Esta es una clara afirmación de que Dios ha sido estricto en que sus hijos no muestren su desnudez. De hecho, hay un capítulo entero en Levítico 18 en el cual Dios le prohíbe a su pueblo mostrar o descubrir la desnudez del Padre, de la Madre, de los hermanos, o de los primos. Entonces, la Biblia afirma que nuestro cuerpo es santo y es templo del Espíritu Santo, (1 de Corintios 6. 19) Por lo tanto, los cristianos deben cuidarse y no deben enseñar o mostrar su desnudez.

Aquí la desnudez debe interpretarse como aquellas partes de nuestro cuerpo que son privadas y que pueden tener implicaciones sexuales, por ejemplo, las piernas, los pechos, el abdomen y por supuesto las partes íntimas. El cristiano debe de ser conservador respecto a esto.

F. De la cubierta de cabeza

Uno de los temas de gran trascendencia relativos a la santidad tiene que ver con la práctica de cubrirse o descubrirse la cabeza al momento de orar. El texto dice:

> *"Todo varón que ora o profetiza con la cabeza cubierta, afrenta su cabeza. Pero toda mujer que ora o profetiza con la cabeza descubierta, afrenta su cabeza; porque lo mismo es que si se hubiese rapado." (1 Corintios 11.4-5)*

Aunque este es un punto que puede crear cierta diferencia entre una iglesia y otra, lo cierto es que se encuentra en las escrituras y debemos prestarle atención. La Iglesia cristiana tradicional enseña que cuando una mujer ora a Dios o profetiza (es decir habla de Dios) debe cubrirse la cabeza; por el contrario, si un hombre ora o profetiza debe descubriese la cabeza. Aquí están las razones:

1. Cubrirse es un asunto de Autoridad.

Primero, el verso 3, habla del orden de autoridad que existe: Dios-Cristo-Varón-Mujer. Entonces el contexto de este pasaje bíblico es "Autoridad". Segundo, nos habla de no afrentar la cabeza (esa autoridad).

El verso 4 agrega: *"Todo varón que ora o profetiza con la cabeza cubierta, afrenta su cabeza"* (Cristo es la cabeza del varón). La palabra afrenta, significa: Vergüenza y deshonra. El verso 5, dice que "toda mujer que ora o profetiza con la cabeza descubierta, afrenta su cabeza, porque lo mismo es que se hubiese rapado". (El varón es cabeza de la mujer).

En estos dos primeros textos se nos muestra que el varón que ora con la cabeza cubierta, afrenta a su cabeza, que es Cristo; y que la mujer que ora descubierta la cabeza, afrenta su autoridad, que es el varón. Aquí encontramos la primera razón por la cual la mujer se cubre la cabeza, y es por sujeción, en este caso a su marido y si es doncella, a Cristo.

2. Cubrirse es tener respeto y señal de autoridad

El verso 7, habla de la gloria del varón, y de la gloria de la mujer, cada uno respeta su gloria y está sumiso a esa gloria. El verso 10 dice lo siguiente:

> *"Por lo cual, (esto cual, es esa gloria) la mujer debe tener señal de autoridad sobre su cabeza, por causa de los ángeles".*

Este texto lo que indica es que cuando la mujer está orando o profetizando ante Dios, los ángeles están mirándola también, y al estar la mujer delante de Dios, ellos se dan cuenta por la cubierta de la cabeza si es una mujer sumisa o no.

3. En el caso del "velo"

En cuanto al asunto que a veces se presenta en el verso 15, donde dice: *"porque en lugar de velo le es dado el cabello".* Aquí se está refiriendo al velo que llevaba la mujer sobre su espalda y pecho. Esta palabra Velo, viene del gr: *perobolain,* y significa: echado alrededor de uno. Mientras que al velo de la cabeza se le llama cubierta (kata) y cubrirse *katakalupto.* No ponerse cubierta es: *akatakalupto,* sin cubrirse. Por lo tanto, cuando la mujer cristiana se deja crecer el cabello, entonces, el cabello largo hace el trabajo del *"perobolain".*[51]

G. De las pinturas y los adornos.

¿Deben las cristianas pintarse, o usar maquillaje? Esta es otra piedra en el zapato para alguien que quiere vivir un cristianismo sin muchas restricciones. La verdad es que, aunque no hay mucha Biblia para prohibirlo, tampoco hay nada para no hacerlo. Es basado en esta postura que se llega a las siguientes conclusiones respecto al uso de pinturas por las mujeres.

---

[51] W. E. Vine, *Loc. Cit.*

1. Las mujeres no deben de pintarse.

Las pinturas no son recomendadas para las mujeres cristianas, porque representa una clara insatisfacción por la forma en que Dios la hizo. La mujer que se pinta la cara es porque está insatisfecha de cómo se ve o como luce y es un claro ejemplo de vanidad.

La Biblia menciona un caso único de una mujer que se pintó la cara para impresionar al rey Jehú (2 de Reyes 9.30-37), pero eso le costó la vida, por tratar de seducir al rey. Es por eso mismo que en el Apocalipsis se menciona la actividad de esta mujer mala como una doctrina de seducción (Apocalipsis 2.20).

La misma naturaleza nos enseña que la mujer es hermosa como Dios la hizo y que no necesita pintarse la cara para lucir bien y mucho menos para verse hermosa. El pintarse la cara es una muestra de la inseguridad e insatisfacción personal.

2. No debe usar adornos exteriores.

Los adornos al igual que la pintura no son otra cosa que vanidad también. La Iglesia cristiana enseña que no es necesario usar oro, o prendas de esta índole, porque tampoco son necesarias para los hijos de Dios.

Este tema fue predicado por Pedro:

> *"vuestro atavío no sea el externo de peinados ostentosos,*
> *de adornos de oro o de vestidos lujosos, ..." (1 de Pedro*
> *3.1-5).*

Aquí podemos observar que el "atavío" cristiano no debe incluir peinados ostentosos, adornos, y vestidos lujosos. También fue predicado por Pablo.

> *"Asimismo que las mujeres se atavíen de ropa decorosa,*
> *con pudor y modestia; no con peinado ostentoso, ni oro,*
> *ni perlas, ni vestidos costosos, ..." (1 de Timoteo 2.9-10).*

Ambos apóstoles enfatizan prácticamente lo mismo. Los cristianos no deben usar adornos exteriores. ¿Y que de los relojes? ¿son también adorno? El reloj no puede considerarse un adorno, ya que este cumple el propósito de dar la hora y por ello no debe ser ostentoso.

3. El corte del cabello y el peinado.

El hombre debe cortarse el cabello y la mujer debe dejarlo crecer. Eso es lo que el texto bíblico nos enseña:

> *"La naturaleza misma ¿no os enseña que al varón le es deshonroso dejarse crecer el cabello? Por el contrario, a la mujer dejarse crecer el cabello le es honroso …" (1 de Corintios 11.14-15)*

Es importante mencionar que este tema también se ha confundido muchas veces y la razón para esta confusión es que (según los críticos) la Biblia no es clara en referencia a esta disciplina. Sin embargo, algo que debemos saber es que cuando la Biblia calla sobre un tema, es porque la Iglesia no estaba batallando con esa situación, o sencillamente que el problema no existía en aquellos tiempos. Era muy normal que el hombre se cortara el cabello y la mujer lo dejara crecer.

En el caso del corte del cabello, algunas personas también argumentan que algunos varones de la Biblia se dejaban crecer el cabello tal como Sansón (Jueces 13.5) quien no se cortó el cabello hasta que fue seducido por Dalila y lo convenció para hacerlo, (Jueces 16. 17).

Es necesario aclarar que esto no tiene nada que ver con lo que estamos hablando, ya que Sansón y otros más, incluyendo a Cristo, eran Nazareos. Es decir, personas dedicadas a Dios desde el vientre de sus madres. Ellos no deberían cortarse el cabello mientras durara el Nazareato (Números 6.5). Sin embargo, cuando terminaba ese periodo indefectiblemente se podían rasurar.

En el cristianismo, es requerido que los hombres se corten el cabello y la mujer se lo deje crecer ya que esto representa una honra para cada uno. Hacer lo contrario, entonces lo hace deshonroso. Por otro lado, el pelo largo es considerado la diferencia más marcada entre un hombre y una mujer. Esa fue la distinción de las langostas de Apocalipsis (Apocalipsis 9.8), las cuales traían cabello de mujer.

En cuanto al peinado, curiosamente también la Biblia aconseja que nuestro peinado no sea ostentoso:

> "Vuestro atavío no sea el externo de peinados ostentosos" (1 Pedro 3.3).

La palabra "ostento" quiere decir hacer algo para llamar la atención o para que los demás lo miren. Por tanto, los hijos de Dios deben mostrar su diferencia con el mundo por la forma que se comportan.

4. Del anillo de compromiso.

¿Y qué del anillo de compromiso para los matrimonios? Este es otro asunto que levanta mucha controversia, ya que hay iglesias que tienen problema con esto y otras no. El anillo debe clasificarse dentro de los "adornos de oro" y no creemos que sea necesario para mostrar que estamos comprometidos. Nuestra conducta y respeto muestra quienes somos, pues muchos adulteran aun con el anillo puesto y no se lo quitan.

Muchos argumentan que la sociedad enseña que el anillo de bodas es la señal que distingue a los que están casados de los que no lo están. Sin embargo, debemos saber que, aunque la sociedad lo ha establecido como normal, la historia y la Biblia lo descartan, pues no hay un solo texto en la Biblia donde el anillo tenga una relación con el matrimonio. La Biblia habla de los dotes matrimoniales y estos por lo general eran oro, plata u otros objetos, (Éxodo 22.17), pero no incluían anillos.

H. De las relaciones con inconversos.

Otro de los temas sobre la santidad tiene que ver también con las relaciones amorosas de personas convertidas con inconversos. La Biblia nos enseña lo siguiente:

"No os unáis en yugo desigual con los incrédulos; porque ¿qué compañerismo tiene la justicia con la injusticia? ¿y qué comunión la luz con las tinieblas?" (2 de Corintios 6.14)

En este texto queda bien establecido no solo el noviazgo sino la misma unión matrimonial con personas que no pertenecen al círculo cristiano, ya que son inconversos. Pero, esto no es nada nuevo, pues Dios desde la antigüedad lo había puesto muy claro a su pueblo Israel:

"Cuando Jehová tu Dios te haya introducido en la tierra en la cual vas para tomarla ... no emparentaras con ellas; [las naciones] no darás tu hija a su hijo, ni tomaras a su hija para tu hijo. Porque desviará a tu hijo de en pos de mí, y servirán a dioses ajenos ..." (Deuteronomio. 7.1-4)

En el mismo texto Dios da las razones por las cuales no se debe permitir esta clase de relaciones, "Porque desviará" o apartará a los hijos de Dios.

Las relaciones con personas inconversas fue uno de los principales problemas que tuvieron muchos hombres de Dios y aun el mismo pueblo de Israel. Basta mirar en el libro de Jueces para ver que el pueblo de Israel tomó de las hijas de los Cananeos, Heteos, Amorreos, Ferezeos y Jebuseos y dieron sus hijas a los hijos de ellos y sirvieron a sus dioses, (Jueces 3: 5-6). En otras palabras, hicieron todo lo contrario a lo que Dios les había dicho.

Uno de los ejemplos más sonados, fue sin lugar a duda, el de Sansón. La causa de la caída de Sansón fue la relación que tuvo con mujeres que no eran del pueblo de Dios y cómo Dalila, la filistea, empujó esa caída. (Jueces. 14-16).

Conclusión

Concluimos el tema de la santidad estableciendo que nuestro Dios es muy celoso con sus hijos y que él es un Dios santo. Por lo tanto, todos aquellos que desean seguirlo y servirlo deben de ser santos como él, ya que esa es su voluntad.

Entendemos que a veces es difícil ya que el mundo es muy llamativo y hasta atractivo, sin embargo, la recompensa que da Dios por mantenerse puro y sin mancha en este mundo es la vida eterna.

Capítulo 14

Diezmos, ofrendas y primicias

≈

"Traed todos los diezmos al alfolí y haya alimento en mi casa;
y probadme ahora en esto, dice JEHOVÁ de los ejércitos,
si no os abriré las ventanas de los cielos, y derramaré
sobre vosotros bendición hasta que sobreabunde."

(MALAQUÍAS 3.10)

Introducción

Dios ha establecido un sistema económico por medio del cual se prueba la fe de cada cristiano y se mantiene su obra aquí en la tierra. Este sistema está basado en diezmos, ofrendas y primicias. Este es uno de los medios que se han utilizado desde el principio en que Dios comenzó a tratar con el hombre y continúa siendo la fuente principal de los recursos de la Iglesia. En este capítulo exploraremos la doctrina de este tema, la práctica de la Iglesia y algunos consejos prácticos.

I. Los diezmos y las ofrendas

Sin ninguna duda, entendemos que Dios tiene un plan financiero para evangelizar al mundo y este plan es bíblico y consiste en que cada miembro del cuerpo de Cristo cumpla con su obligación de pagar sus diezmos y traer sus ofrendas al alfolí.

Es necesario pues establecer que los diezmos representan el 10% de todos nuestros ingresos y que las ofrendas son "obsequios" que le damos a Dios por lo que él nos ha bendecido.

A. Dios ordena que le paguemos los diezmos

Desde muy temprano en la historia bíblica Dios requirió que sus hijos apartaran para él los diezmos de todos sus ingresos. Uno de los textos claves se dieron bajo la ley:

"Y el diezmo de la tierra, así de la simiente de la tierra como del fruto de los árboles, de JEHOVÁ es; es cosa dedicada a JEHOVÁ." (Levítico 27.30).

Si podemos observar, en este texto Dios pide los diezmos de todo lo que ellos adquirían de la tierra. Otro pasaje bíblico también dice así:

"Indefectiblemente diezmarás todo el producto del grano que rindiere tu campo cada año" (Deuteronomio 14:22).

Entonces, podemos observar que el diezmar fue establecido por Dios como un mandamiento el cual se debería de obedecer.

B. Diezmar era una práctica bíblica común

Algunos argumentan que el diezmar es algo que no debe de practicarse pues fue algo que Dios estableció bajo la ley; y ya no estamos bajo la ley sino bajo la gracia. Sin embargo, es necesario enfatizar que los diezmos se comenzaron a pagar mucho tiempo antes de la ley y ha sido una práctica normal de los que son de Dios. En la Biblia podemos encontrar varios ejemplos de personas que dieron sus diezmos, ya que esa era la practica normal.

1. *Abraham* fue uno de los primeros que pagó los diezmos de todo lo que había conseguido, (Génesis 14.20).

2. *Jacob* le prometió a Dios que le daría los diezmos de todo lo que Dios le diera, (Génesis 28.22)

3. El *pueblo de Israel* pagó los diezmos desde que fue establecido como pueblo y ellos lo tenían en alta estima, (Deuteronomio. 12.11 y Levítico 27.30-32).

C. Dios también pide nuestras ofrendas

Aparte de los Diezmos, Dios le pidió a su pueblo que también le trajera ofrenda voluntaria.

> *"...Di a los hijos de Israel que tomen para mí ofrenda; de todo varón que la diere de su voluntad, de corazón, tomaréis mi ofrenda." (Éxodo 25.1-2)*

Las ofrendas son regalos que los hijos de Dios le dan a su Señor por todo lo que Dios hace por ellos, pero también representan un corazón agradecido.

Las ofrendas que el pueblo de Dios daba en aquellos días variaban tanto en cantidad como en variedad. Es decir, el pueblo le traía a Dios de lo que habían recibido y debería de ofrecerlo a Dios de una determinada manera (Levítico 2) Había diferentes clases de ofrendas que se le daban a Dios, por ejemplo, las ofrendas de paz (Levítico 3), las ofrendas por el pecado (Levítico 4), y las ofrendas expiatorias (Levítico 5), entre otras.

D. El propósito de los diezmos y ofrendas

Cuando estudiamos sobre las ofrendas debemos preguntarnos entonces; ¿Dios necesita nuestro dinero? ¡Realmente no! Dios no necesita nuestro dinero, pues a él le pertenece la plata y el oro de este mundo (Hageo 2.8) Sin embargo Dios todo lo hace con un propósito y si él estableció un sistema de ofrendas y diezmos es porque él tenía un plan para hacerlo. A continuación, tenemos algunos de los propósitos del por qué Dios estableció este sistema económico.

1. En el Antiguo Testamento.

a) Para ayudar a los pobres

Dios había establecido una forma en que los israelitas deberían de ayudar a los demás, pero especialmente a los pobres y los necesitados. Un ejemplo de esto era la cosecha de cada año sabático pues era reservada para los pobres, (Éxodo 23:11 y Deuteronomio 15:11).

b) Para sostenimiento de los sacerdotes

Los diezmos también servían para el sacerdocio del pueblo de Dios, los cuales eran toda una tribu (Leví), los cuales habían sido llamados para dedicarse al servicio del culto a Dios y de ministrar al pueblo.

A estos, Dios no les había dado heredad como a las demás tribus, por lo tanto, deberían vivir de lo que el resto del pueblo ofrendaba y diezmaba a Dios.

> "Y he aquí yo he dado a los hijos de Leví todos los diezmos en Israel por heredad, por su ministerio, por cuanto ellos sirven en el ministerio del tabernáculo de reunión." (Números 18.21)

Por lo tanto, de este principio bíblico surge la idea de que los diezmos sirven para el sostén de todos aquellos que se dedican al servicio de Dios, especialmente los ministros.

c) Para ayudar al extranjero, al huérfano y a la viuda

Además, Dios había provisto para los más vulnerables de la sociedad de aquella época. Hace referencia al extranjero, al huérfano y a la viuda. Uno de los textos más claros respecto a esto dice lo siguiente:

> "Al fin de cada tres años sacarás todo el diezmo de tus productos de aquel año ... Y vendrá el levita ... y el extranjero, y huérfano y la viuda que hubiere en

tus poblaciones, y comerán y serán saciados; para que JEHOVÁ tu Dios te bendiga en toda obra que tus manos hicieren" (Deuteronomio 14.28, 29) y (Deuteronomio 26.13).

Esto texto nos habla del propósito del dinero en los planes de Dios. Por lo general servía para ayudar a todos aquellos que por lo general no tenían. Una viuda, por ejemplo, se había quedado sin el sostenimiento al enviudar, un extranjero que había dejado su país y ahora se encontraba fuera de su casa y sin recursos, por lo tanto, necesitaba ayuda. Dios siempre proveerá para aquellos que más lo necesitan.

2. En el Nuevo Testamento

Los diezmos y ofrendas servían para ayudar a los necesitados en la iglesia. Esa era la práctica de la primera iglesia y lo hacían de forma sistemática.

"Así que, no había entre ellos ningún necesitado; ... y se repartía a cada uno según su necesidad ..." (Hechos 4.34-35).

También las iglesias hacían colectas de ofrendas adicionales para suplir las necesidades de la obra de Dios en otros lugares.

"Porque Macedonia y Acaya tuvieron a bien hacer una ofrenda para los pobres que hay entre los santos que están en Jerusalén." (Romanos 15.26)

Además de lo mencionado anteriormente, las ofrendas han servido al igual que en el Antiguo Testamento para sostener a los maestros y a los predicadores de la Iglesia. De este tema el Apóstol Pablo dijo lo siguiente:

"El que es enseñado en la palabra, haga partícipe de toda cosa buena al que lo instruye" (Gálatas 6:6).

Y en el caso de los que estaban dedicados completamente al ministerio de la predicación y la enseñanza, incluyendo a los pastores, Pablo dice:

> *"Así también ordenó el Señor a los que anuncian el evangelio, que vivan del evangelio" (1 Corintios 9.14).*

Cuando el Apóstol Pablo salió en sus viajes misioneros a predicar el evangelio, fue sostenido por la iglesia de los filipenses, (Fil 4:15-18). Por esa causa Dios les bendijo y les dio una promesa:

> *"Mi Dios, pues, suplirá todo lo que os haga falta conforme a sus riquezas en gloria en Cristo Jesús" (Filipenses 4.19)*

Los cristianos deben de saber que cada vez que ofrendan, sus contribuciones se usan sabiamente para cubrir los gastos necesarios de la obra de Dios. De este dinero se sostiene a los pastores, se ayuda a los necesitados y sobre todo, se pagan las cuentas de la Iglesia.

II. La bendición y el privilegio de dar los diezmos

Cuando hablamos de los diezmos y ofrendas debemos de pensar que es un privilegio que Dios nos da y una bendición el que podamos participar. Sin embargo, hay ocasiones donde los creyentes no lo hacen y terminan robando a Dios lo que a él le pertenece.

En la Biblia tenemos el caso de la nación de Israel y cómo Dios los tiene que reprender duramente pues le estaban robando los diezmos.

> *"¿Robará el hombre a Dios? Pues vosotros me habéis robado. Y dijisteis: ¿En qué te hemos robado? En vuestros diezmos y ofrendas. Malditos sois con maldición, porque vosotros, la nación toda, me habéis robado." (Malaquías 3.8-9)*

Aunque este pasaje bíblico es muy fuerte, no obstante Dios no juega con sus mandamientos y leyes; sus hijos los deben de obedecer. Por lo tanto, debido a que el dinero toca algunas debilidades del ser humano, tenemos que considerar algunas cosas al respecto.

A. Dar los diezmos es un privilegio

Sabemos por la palabra de Dios que dar los diezmos es un gran privilegio que Dios nos da, y que no debe de ser una carga o problema para darlos. El rey David dijo:

> *"Porque ¿quién soy yo, y quién es mi pueblo, para que pudiésemos ofrecer voluntariamente cosas semejantes? Pues todo es tuyo, y de lo recibido de tu mano te damos".* (1 de Crónicas 29.14)

Debemos reconocer que si algo tenemos viene de la mano de Dios y le damos de lo que él nos da. Eso ya es un privilegio.

B. La bendición de dar los diezmos

Cuando el creyente da sus diezmos a Dios lo pone bajo la bendición de Dios. Entonces, cuando el hijo de Dios está bajo la bendición de Dios, Dios abre las ventanas de los cielos y reprende al devorador. (Leer Malaquías 3.10-11) Para entender cómo funciona esto consideremos lo siguiente:

Abrir las ventanas, significa estar bajo el favor divino. Cuando una persona está bajo el favor divino, todo obrará a su favor. Por ejemplo, le aumentan el salario en su trabajo, va a comprar un objeto y lo encuentra más barato. En otras palabras, Dios mueve su gracia sobre aquella persona para que el dinero le rinda más.

Por otro lado, cuando el creyente da sus diezmos, Dios reprende al devorador. Reprender al devorador, significa estar protegido. Dios dijo que reprendería al devorador para que no destruyera el fruto de la tierra y para que la tierra produjera, (Malaquías 3.11) Por lo tanto, Dios traerá una protección sobre los bienes del hijo de Dios.

Cuando hablamos del devorador descrito en este texto, debemos preguntarnos: ¿Quién es este devorador? Debemos decir que el diablo es tipificado por muchas cosas, por ejemplo, en el jardín del Edén fue una serpiente. Aquí, es tipificado como "el devorador", el cual puede llamarse, langosta (de acuerdo con la NVI[52]), oruga, cigarra, saltamontes, etc. Y ¿Cuál era la labor de un devorador? Por lo general, el devorador se comía el fruto de los productos del campo. El devorador destruía sus sembradíos y se comía los frutos. (Malaquías 3.11)

Cuando un cristiano es fiel a Dios, entonces, Dios se encargará de reprender todo aquellos que tienda a devorar sus bendijo-nes. Dios le librará de los ladrones y de aquellos hombres perversos que quieran quitarle las bendiciones de Dios.

Por otro lado, debemos enfatizar que Dios ha prometido prosperar a sus hijos. Pero, cada promesa de Dios también tiene sus condiciones. Cada condición expuesta en la Biblia implica un acto de obediencia. Y toda obediencia implica bendición, porque la bendición sigue a la obediencia, (Deuteronomio 11.26-28). Aquí, la promesa es *bendición hasta que sobreabunde* y la condición es pagar el diezmo al Señor. Debemos notar que esta es la única vez en la Biblia que Dios dice *"probadme en esto"*.

C. La maldición de no dar los diezmos

Por otro lado, y contrario a lo presentado arriba, no dar los diezmos trae maldición a nuestras vidas. Dios le dijo a su pueblo Israel:

> *"Malditos sois con maldición, porque vosotros, la nación toda, me habéis robado." (Malaquías 3.9)*

Este quizás sea un pasaje muy fuerte, sin embargo, debemos de saber que, así como Dios toma en serio el bendecirlos, también toma muy en serio cuando nosotros le fallamos.

---

[52] Nueva Versión Internacional de la Biblia

El creyente debe de saber que robar el diezmo al Señor le acarrea maldición. Cuando una persona no diezma voluntariamente se pone bajo la maldición del enemigo. Eso Significa que las ventanas se cierran y el devorador es soltado. Si el devorador se suelta, entonces se comerá la siembra, los frutos y no habrá cosecha.

Además, tener las ventanas cerradas significa no contar con el favor divino sobre nuestra vida, lo cual se traduce no sólo en resultados económicos, sino en pérdidas.

Algo que debemos aprender sobre la maldición es que en Cristo hemos sido bendecidos con toda bendición espiritual (Efesios 1.3) y no podemos ser maldecidos. En otras palabras, al entregarnos a Cristo, el diablo ya no tiene poder sobre nosotros. Pero como ya sabemos, el diablo anda buscando a quién devorar (1 Pedro 5.8) y la única manera que el diablo puede tocar las finanzas, es si nosotros le abrimos la puerta y le damos motivo para hacerlo.

Cuando el cristiano no diezma, entonces el diablo toma derecho legal para devorar nuestras bendiciones.

D. Consideraciones finales

Por último, los creyentes deben considerar algunas cosas fundamentales sobre el asunto de dar sus diezmos.

Primero, cuando uno diezma de lo que ha recibido, uno está proveyendo para comer espiritualmente. Dios dijo:

> "Traed todos los diezmos al alfolí y haya alimento en mi casa ..." (Malaquías 3.10).

Los diezmadores deben saber que, al traer los diezmos al alfolí, Dios se encarga de alimentarlos espiritualmente. Si una Iglesia no puede mantener ni siquiera a su pastor, cómo pues los alimentará Dios.

Segundo, ¿A dónde se deben de dar los diezmos? Dios fue enfático con este asunto, ya que a veces como humanos tendemos a querer hacer nuestras propias reglas y tomar nuestras propias medidas administrativas. Por eso y previendo sobre este asunto, el mismo Dios le dijo a Israel:

> *"Y al lugar que Jehová vuestro Dios escogiere para poner en él su nombre, allí llevaréis todas las cosas que yo os mando: vuestros holocaustos, vuestros sacrificios, vuestros diezmos, las ofrendas elevadas de vuestras manos, y todo lo escogido de los votos que hubiereis prometido a Jehová."*
> *(Deuteronomio 12.11)*

Es importante mencionar que nuestros diezmos deben de ir al lugar donde Dios nos tiene congregados y a ningún otro lado. Hay personas que envían sus diezmos a otro país, a otra Iglesia o sencillamente lo dan en benevolencia a obras de caridad. Pero la Biblia nos dice enfáticamente que los diezmos deben ir a donde nosotros nos congregamos. Si alguien quiere hacer una obra de caridad o dar a algún ministerio de benevolencia lo puede hacer, pero eso debe de ser con otro dinero, menos con los diezmos.

Finalmente, el dar los diezmos, debe ser por obediencia y no por fuerza. Nadie debe sentirse asfixiado porque tiene que dar sus diezmos al Señor; por lo general aquel que está agradecido con Dios los dará de buena gana, porque ha aprendido que ahí está la bendición.

III. Las primicias

Si Dios nos pide los diezmos y las ofrendas, también los hijos de Dios hemos aprendido a darle nuestras primicias. Lo hacemos porque hemos aprendido la bendición que hay en darle a Dios de lo que recibimos de su mano. Hemos aprendido que el darle a Dios no solo es bueno porque obedecemos su palabra, sino que al darle se desatan grandes bendiciones para nuestra vida.

Ahora bien, el asunto de las primicias también es uno de los temas que con frecuencia no se considera, ya que a diferencia de los diezmos también las primicias son un tipo de ofrendas que se le dan a Dios.

> *"Honra a Jehová con tus bienes, y con las primicias de todos tus frutos; y serán llenos tus graneros con abundancia, y tus lagares rebosarán de mosto." (Proverbios 3. 9-10)*

A. Definición

La palabra *primicia* proviene de la palabra hebrea *"Bekhor"* y significa "primeros frutos de cosecha, o simplemente primeros frutos. Esta viene de '*Bakar*" que significa "reventar el vientre, dar a luz.[53] En otras palabras significa, inicio, principio, comienzo mejor, principal. Su aplicación y significado es: "una promesa por venir". *Primicia* era el nombre que se le daba a una de las siete fiestas más populares que tenía el pueblo de Dios en el Antiguo Testamento. Las primicias eran también una clase especial de sacrificios, que comprendía también los primogénitos del ganado.

B. El mandamiento sobre las primicias

Es importante reconocer que la práctica de darle a Dios lo primero ya existía antes de la ley; de hecho, esta es la clase de ofrenda más antigua de la humanidad. El evento más viejo lo encontramos con Abel en el libro de Génesis.

> *"Y Abel trajo también de los primogénitos de sus ovejas, de lo más gordo de ellas." (Génesis 4.4).*

Aunque las primicias ya se daban desde la antigüedad, no obstante, Dios establece esta práctica como una ley para la nación de Israel, y al igual que los diezmos y las diferentes ofrendas las debería de traer el pueblo. Uno de los textos dice lo siguiente:

---

[53] James Strong, *Nueva Concordancia Strong Exhaustiva*, (Miami Florida: Editorial Caribe, 2002).

*"Las primicias de los primeros frutos de tu tierra traerás
a la casa de Jehová tu Dios. No guisarás el cabrito en la
leche de su madre." (Éxodo 23.19)*

Una de las razones que debemos conocer de las razones de por qué Dios
les pidió las primicias, es que estas fueron establecidas por Dios para
sostener a los sacerdotes levitas y para ayudarles en su ministerio. La
razón es que Dios no les había dado herencia como a las demás tribus
de Israel.

Esa ofrenda era la principal fuente de su ingreso, por eso Dios lo había
establecido en su palabra.

> *Los sacerdotes levitas, …, no tendrán parte ni heredad en
> Israel; de las ofrendas quemadas a Jehová y de la heredad
> de él comerán. …, de los que ofrecieren en sacrificio buey
> o cordero: darán al sacerdote … Las primicias de tu
> grano, de tu vino y de tu aceite, y las primicias de la
> lana de tus ovejas le darás; porque le ha escogido Jehová
> tu Dios de entre todas tus tribus, para que esté para
> administrar en el nombre de Jehová, él y sus hijos para
> siempre. (Deuteronomio 18.1-5)*

Además de estas primicias mencionadas al principio y al fin de la
primera cosecha, cada israelita debía llevar una canasta de todos los
frutos (Deuteronomio 26.2), tales como aceite, mosto y trigo, en fin,
todo de lo más escogido (Números 18.12–19).

También, se incluían los primogénitos de los animales, para recordar
que el Señor los había librado de la esclavitud en Egipto y les había
regalado un rico país.

C. La fiesta de las primicias

Las primicias no eran una carga para el pueblo de Dios sino todo
lo contrario; era una bendición participar de ese evento. Dios había

reservado un día especifico y este era tomado como una gran celebración por parte del pueblo de Dios.

> *"También celebrarás la fiesta de las semanas, la de las primicias de la siega del trigo, y la fiesta de la cosecha a la salida del año." (Éxodo 34.22)*

Por lo tanto, la *fiesta de las primicias* era una celebración de regocijo, en la cual se presentaban los primeros frutos al Señor y deberían hacerlo de una forma que indicara alegría y regocijo. El mandamiento decía lo siguiente:

> *"Habla a los hijos de Israel y diles: Cuando hayáis entrado en la tierra que yo os doy, y seguéis su mies, traeréis al sacerdote una gavilla por primicia de los primeros frutos de vuestra siega. Y el sacerdote mecerá la gavilla delante de Jehová, para que seáis aceptos; el día siguiente del día de reposo la mecerá". (Levítico 23.10-11)*

Así que ellos participaban de esta fiesta con una gran alegría.

Había dos formas para presentar la ofrenda de primicias. La primera consistía en presentar delante del Señor una gavilla de cebada, mecida y acompañada por una ofrenda de dos décimas de un *efa*[54] de flor de harina amasada con aceite, y una libación de vino. Se ofrecía el día 16 del mes de Nisán, el segundo día de la *Fiesta de los Panes sin Levadura*, para iniciar la cosecha (Éxodo 23.19; Levítico 23.9–14; Números 28.16). [55]

---

[54] Un *efa* era una antigua medida de capacidad para áridos o del material granulado como las lentejas, empleaba en la antigüedad por los hebreos y egipcios. Equivalía a más de 22 litros en cada paquete.

[55] El nombre otorgado al mes de *Nisán* en la Biblia es simplemente "el mes primero", siguiendo de esa misma manera el resto de los meses del año hebreo en la Torá, la numeración ordinal. Es nombrado por primera vez en el Éxodo: "Este mes os será principio de los meses; para vosotros será éste el primero en los meses del año" (Éxodo 12:2)

La segunda, era siete semanas después y se celebraba la verdadera fiesta de las primicias, también llamada, *"Pentecostés"*, o llamada también la *"Fiesta de las Semanas"*. Con esta fiesta se terminaba la primera cosecha del año y la recolección de toda la cosecha. Juntamente con dos panes de las primicias, mecidos delante de Jehová, se ofrecían siete corderos, un becerro, dos carneros y un macho cabrío (Levítico 23.15–20).

D. El propósito de las primicias

1. Las primicias eran una ofrenda profética que anuncia la bendición futura de Dios.

Es interesante conocer que la ley de las primicias fue dada a Israel cuando todavía estaba en el desierto, y cuando todavía no habían recibido las promesas de Dios. Por lo tanto, el hecho que Dios les pidiera las primicias de una tierra que todavía no habían recibido y las primicias de los frutos que todavía no habían cosechado, nos enseña el plan de Dios de la bendición para su pueblo. Estas primicias son una ofrenda profética de una bendición que está por venir.

2. Las primicias reflejaban un espíritu de adoración a Dios.

Dios se merece lo primero y lo mejor. Cuando consideramos esto, observamos que Dios se merece lo más excelente y esto es un símbolo de adoración a Dios. Por ejemplo, cuando vemos el caso de la ofrenda de Abel, podemos encontrar la excelencia y la adoración en su sacrificio.

> *"Y Abel trajo también de los primogénitos de sus ovejas, de lo más gordo de ellas. Y miró Jehová con agrado a Abel y a su ofrenda; 5pero no miró con agrado a Caín y a la ofrenda suya." (Génesis 4.4-5)*

Aquí podemos observar que el espíritu de este hombre de Dios fue el de adorar a Dios y le presentó lo primero y lo mejor que tenía. Otro caso es el de Abraham quien no solo le dio a Dios lo primero y lo mejor, sino que le ofreció a su propio y único hijo en respuesta a la orden divina.

"Toma ahora tu hijo, tu único, Isaac, a quien amas, y vete a tierra de Moriah, y ofrécelo allí en holocausto sobre uno de los montes que yo te diré." (Génesis 22.2)

3. Las primicias representan un asunto de fe y confianza en Dios.

Al darle lo primero a Dios estamos testificando de que mucho más va a venir. En otras palabras, los primeros frutos representan solo una mínima parte de lo mucho que vamos a recibir. Por lo tanto, al ofrendar a Dios las primicias y lo mejor de los frutos, se le reconoce como el Señor, dueño y dador de los frutos del campo, pues todo se debe a su bendición. Habiendo consagrado las primicias a Dios, el hombre puede disfrutar con limpia conciencia del resto de los bienes.

En tiempos antiguos existía un proceso para seleccionar las primicias de los granos. Cada familia debería estar atenta a los primeros brotes de las plantas; una vez que las encontraban las designaban como primeros frutos atándoles una cinta roja alrededor de la rama o vástago.

E. La bendición de dar las primicias

Las primicias desatan la bendición de Dios sobre nuestras vidas. El texto bíblico dice de esto lo siguiente:

"Honra a Jehová con tus bienes, Y con las primicias de todos tus frutos; Y serán llenos tus graneros con abundancia, Y tus lagares rebosarán de mosto." (Proverbios 3.9-10)

Cuando nosotros le damos los primeros frutos a Dios, estamos demostrando no solo que creemos en él, sino que tenemos fe y confianza de que, si él nos dio los primeros frutos de la cosecha, nos ha de dar una cosecha grande y bendecida. Por otro lado, "Graneros llenos" significa almacenes de bendición para muchos días. Esto indica que la bendición de Dios viene en abundancia a tal grado que podemos almacenar para el tiempo de escases. Mientras que *lagares llenos de mosto*, significa gozo y alegría por haber recibido la bendición del Señor.

Conclusión

Concluimos este capítulo, reconociendo que todo lo que tenemos es porque Dios nos lo ha dado, y que todas las cosas que hemos recibido son bendición de Dios. Por lo tanto, debemos darle a Dios nuestros diezmos, los cuales representan el 10% de todas nuestras entradas. Pero también hay que darle nuestras ofrendas, las cuales son regalos de agradecimiento que le damos a nuestro Señor.

Por último, le debemos dar a Dios las primicias, pues nuestro Dios se merece lo primero y lo mejor. Le damos las primicias pues, representan una ofrenda profética de una bendición que viene.

Capítulo 15

La Iglesia

≈

"Más vosotros sois linaje escogido, real sacerdocio,
gente santa, pueblo adquirido, para que anunciéis las
virtudes de aquel que os ha llamado de las tinieblas
a su luz admirable."

(1 Pedro 2.9)

Introducción

Otra de las cosas que debemos aprender sobre la doctrina cristiana tiene que ver con el estudio de la Iglesia, ya que la Iglesia es la comunidad que Jesús vino a establecer en este mundo como su pueblo y como uno de los instrumentos para evangelizar a la humanidad. En este capítulo estaremos aprendiendo las cosas más básicas del significado de la palabra Iglesia y de sus implicaciones para la fe cristiana.

I. Definición.

La palabra "Iglesia" es una traducción de la palabra griega: *"ekklesía"*, y frecuentemente se usa para designar cualquier asamblea o congregación de personas reunidas con fines religiosos o políticos. Lewis Sperry Chafer dice que la palabra realmente significa "llamados fuera". Agrega que:

> En la Grecia antigua las ciudades se gobernaban por
> un sistema puramente democrático en que todos los

ciudadanos del pueblo se reunían para decidir sobre los asuntos de interés mutuo. Como eran "llamados fuera" de sus ocupaciones ordinarias a una asamblea en la cual podrían votar, la palabra llegó a significar el resulta-do de aquellas convocatorias, esto es, designó a aquellos que se reunían.[56]

De allí entonces que la Iglesia es la congregación o asamblea de cristianos que han salido del mundo para formar el pueblo de Dios.

Es importante resaltar que cuando decimos "Iglesia" no nos estamos refiriendo al edificio en el que nos congregamos, aunque frecuentemente nos referimos al mismo como la iglesia. No obstante, la Iglesia está constituida por todos los que se congregan en un lugar para adorar a Dios.

El otro asunto para considerar es que el fundador de la Iglesia es nuestro Señor Jesucristo. Cristo estableció la Iglesia, la cual es su pueblo, le pertenece (Mateo 16.18) y la cual compró con un alto precio. Cristo la compró con su sangre preciosa. (Romanos 5.8).

II. La naturaleza de la Iglesia

La Iglesia es lo más grande que Dios ha establecido en este mundo y representa algo muy cerca de su corazón. Está constituida de una forma única y especial, conforme al gusto y antojo de nuestro Señor. A continuación, estudiaremos de qué está constituida la Iglesia y por qué Dios la hizo así.

A. La Iglesia es el cuerpo de Cristo

Una de las características que distingue a la Iglesia de cualquier entidad, es que la Iglesia, es el cuerpo de Cristo y Cristo es la cabeza (Efesios 1.23

---

[56] Lewis Sperry Chafer, *Teología Sistemática*: La iglesia, seminario Reina Valera, http://www.seminarioabierto.com/doctrina235.htm. Consultado el 10 de noviembre, 2015.

y 5.23). Esto habla de la gran unidad que hay entre nuestro Señor y su Iglesia. Al ser Cristo la cabeza, indica que él es quien la dirige y quien la gobierna.

B. La Iglesia un organismo y una organización

El énfasis principal en el Nuevo Testamento como lo señala Bancroft está en la iglesia como (1) organismo, es decir, la unión viva de todos los verdaderos creyentes en Cristo. Otro concepto es el de iglesia local y (2) la iglesia organizada es el cuerpo de los creyentes que profesan ser cristianos y se reúnen en una localidad o un grupo de tales asambleas locales (1 Corintios 1.2; Gálatas 1.2; Filipenses 1.1).[57]

C. La Iglesia como Institución

Como cristianos debemos de saber que la Iglesia también es una institución creada por nuestro Señor Jesucristo y que está compuesta por todos los hombres sin distinción de nacionalidad, idioma, color o costumbres (Efesios 4.3-6).

III. El propósito y misión de la iglesia

En el Nuevo Testamento se revela que la iglesia es el propósito central de Dios en la era actual, en contraste con el propósito de Dios para con individuos y naciones del Antiguo Testamento.

El propósito mayor para la nación de Israel se revela en el hecho que la iglesia es la compañía de creyentes formada por judíos y gentiles que son llamados a salir del mundo y se juntan en una unión viva por el bautismo del Espíritu, para cumplir con la voluntad de Dios en la tierra.

---

[57] Emery H. Bancroft. *Op.cit.*, 372.

A. La Misión de la Iglesia

La iglesia ciertamente tiene una misión específica la cual debe desarrollar abiertamente. Bancroft dice que la misión de la iglesia es amplia y esta consiste primeramente en dar testimonio de la verdad, constituir una morada permanente para Dios, para dar toda gloria a Dios, para edificar a los miembros, para disciplinar a sus miembros y para evangelizar al mundo.[58]

B. Títulos descriptivos de la iglesia

La Iglesia recibe algunos títulos que describen su naturaleza y relación con Cristo. Estos los encontramos en la Biblia, veamos algunos de ellos:

1. Es el rebaño del Señor. (Juan 10.14-16). Si la Iglesia es un rebaño, entonces Jesús es su pastor.
2. Labranza y edificio de Dios. (1 de Corintios 3.9) Si la Iglesia es labranza, entonces Jesús la cultiva.
3. Templo de Dios. (1 de Corintios 3.16) Si la iglesia es un templo, entonces Jesús lo habita.
4. El cuerpo de Cristo. (Efesios 1.22-23) Si la Iglesia es un cuerpo, entonces Cristo es la cabeza y si él es la cabeza, entonces él es quien dirige esta organización.
5. La esposa de Cristo. (Efesios 5.21-33) Si la Iglesia es la esposa, entonces Cristo es el esposo (Aunque todavía no se han llevado a cabo las bodas) y como esposo él ama y cuida a su esposa.
6. Columna y Baluarte de la verdad. (1 de Timoteo 3.15) Si la Iglesia es columna, entonces Cristo es la casa entera.

IV. Condiciones para ingresar a la Iglesia

Como toda institución es necesario alguna forma de entrada o proceso de pertenencia. La Iglesia también tiene la forma para que aquellas personas que desean adherirse a ella.

---

[58] Emery H. Bancroft. *Op. cit.*, 380-381.

Lyman menciona en su *Historia De La Iglesia* que el bautismo por inmersión era el rito de iniciación en la Iglesia primitiva.[59] Por lo tanto, esto nos dice que hay una forma de entrada y admisión. Por lo tanto, debemos considerar lo siguiente.

A. Se tiene que entrar por la puerta

Para pertenecer a la Iglesia se tiene que entrar por la puerta correcta. Aunque alguien puede mirar muchas puertas, para entrar a la Iglesia solo hay una, y esa es Cristo. Nuestro Maestro dijo:

> *"Yo soy la puerta; el que por mí entrare, será salvo; y entrará, y saldrá, y hallará pastos". (Juan 10.9)*

En este punto hay que considerar que nadie que se dice ser cristiano, deba entrar por otra puerta que nada tenga que ver con Cristo. De hecho, nadie se puede llamar cristiano, si no tiene una relación con Jesucristo.

Entrar por la puerta significa entrar por las indicaciones de nuestro Señor Jesucristo.

B. Se tiene que cumplir con los requisitos de entrada.

La segunda condición es que el que quiera entrar tiene que cumplir con los requisitos de entrada. Como toda institución, se debe cumplir con los requisitos que la iglesia ha acostumbrado desde que Jesús la estableció.

1. **Aceptar a Jesucristo como salvador personal.** (Mateo 10.10 y Juan 6.47) Siendo que es una iglesia cristiana y que Cristo es el Señor de la Iglesia, entonces es necesario aceptar a Cristo como el Señor y Salvador personal.
2. **Arrepentirse de los pecados** (Hechos 2.38) Para entrar correctamente a la Iglesia, es necesario morir al mundo y entrar

---

[59] Jesse L. Hurlbut, *Historia de la iglesia cristiana* (Miami, FL Vida, 1999) 41.

a la vida con Cristo. Esto quiere decir que hay que arrepentirse de los pecados, renunciar a las cosas del mundo y seguir a Cristo.

3. **Bautizarse**. El candidato tiene que ser bautizado en agua y con el Espíritu Santo. (Marcos 16.16) Como se ha dicho anteriormente, el bautismo es la puerta que Dios ha establecido para pertenecer a su iglesia.

V. Responsabilidades y privilegios de los miembros de la iglesia

Como toda entidad, debemos saber que para todos los que adhieren a ella, se han establecido ciertos privilegios, pero también responsabilidades. El Obispo Fortino enumera una lista (descrita abajo) en su tratado de doctrina. Él dice que tenemos responsabilidades que nos hacen madurar, y privilegios que nos hacen crecer.[60] Para todos los miembros bautizados se describen los privilegios y las responsabilidades.

A. Privilegios

Como hijos de Dios y miembros de la Iglesia, Dios nos ha dado grandes privilegios que no tienen aquellos que no pertenecen a la Iglesia. Un privilegio es un derecho que tiene una persona para hacer y participar de cosas que comúnmente están reservadas solo para miembros. Aquí tenemos algunos privilegios como ejemplo.

- Participar de los Cultos al Señor Efesios 5.18-20).
- Participar de la Santa Cena. (1 Corintios 11.23-34).
- Recibir algún cargo o función específica. (1 Corintios 12).
- Predicar la Palabra de Dios. (Romanos 9.14-16).
- Ser receptores de todas las promesas. (2 Pedro 1.3-4)
- Ser receptores de los dones espirituales. (Romanos 12.3-8)
- Alcanzar la vida eterna. (Lucas 18.29-30)

---

[60] Juan Fortino, *Op.cit.*, 52.

B. *Responsabilidades*

Todo miembro de la Iglesia debe saber que una vez que se une al cuerpo de Cristo tiene ciertas responsabilidades que debe cumplir. Esto no solamente le hace un miembro obediente, sino que le da los derechos como un miembro responsable. A continuación, una lista de las responsabilidades más importantes.

- Asistencia a todos los cultos. (Hebreos 10.23-25)
- Ofrendar. (1Corintios 16.2 y 3)
- Diezmar. (el 10% de nuestras entradas) (Malaquías 3.7-12)
- Guardar el testimonio. (Tito 2)
- Defender la doctrina. (1 Pedro 3.15)
- Vivir en santidad. (Hebreos 12.14)
- Obedecer y respetar a las autoridades de la Iglesia. (Hebreos 13.1)
- Ser buenos ciudadanos. (Tito 3.1)

Conclusión

Concluimos esta sección recordando a los cristianos que son el pueblo de Dios y, por ende, son quienes lo representan aquí en la tierra. Además, es un privilegio muy grande pertenecer al cuerpo de Cristo.

Por lo tanto, debemos guardar la pureza de nuestro llamamiento y cumplir con todas las normas y requisitos que la iglesia ha determinado para todos aquellos que se adhieran a ella.

Capítulo 16

La Cena del Señor y el lavatorio de pies

≈

"Y mientras comían, tomó Jesús el pan, y bendijo, y lo partió, y dio a sus discípulos, y dijo: Tomad, comed; esto es mi cuerpo. Y tomando la copa, y habiendo dado gracias, les dio, diciendo: Bebed de ella todos; porque esto es mi sangre del nuevo pacto, que por muchos es derramada para remisión de los pecados".

(MATEO 26. 26-28)

Introducción

La celebración de la Santa Cena es algo muy especial para la Iglesia y es uno de los sacramentos muy especiales, después del bautismo que la iglesia tiene. Realmente es una experiencia espiritual. Al participar de ella uno se traslada y al mismo tiempo se hace participante de los padecimientos de Jesús en el calvario. Esta fiesta es tan especial que uno debe tomar el tiempo para participar de ella y disfrutarla en el espíritu.

I. Procedencia de la Cena del Señor

A. La pascua judía

La santa cena es la versión cristiana de la pascua judía la cual consistía en el sacrificio de un cordero pascual una vez al año. Esto se hacía para recordar la salvación del pueblo de Israel de la muerte en Egipto. Pero también simbolizaba la liberación de la esclavitud de más de cuatrocientos años en Egipto. Leer Éxodo 12.1-14.

B. Definición

La palabra Pascua viene de "pasca", transcripción griega del término arameo para la Pascua, del hebreo *pesach,* pasar por encima, dejar a un lado.

Esta palabra surge cuando el ángel destructor que había sido enviado para herir a los primogénitos de las familias de Egipto pasó de largo sobre las casas en las cuales estaba la sangre del cordero puesta en sus puertas y dinteles, que Dios había ordenado a sus hijos poner sobre sus casas (Éxodo 12.1-14). Dios los libró de una manera milagrosa pues los primogénitos de Israel no perecieron esa noche y por esa causa Dios estableció esta fiesta para que nunca se olvidaran.

C. Jesús y la pascua judía

Jesús celebró y participó de esta pascua toda su vida y aun con sus discípulos, sin embargo, cuando ya estaba estableciendo su iglesia, hizo un cambio en la pascua judía y estableció en su lugar "La Cena del Señor" como a continuación veremos (Mateo 26.20-21).

II. Institución de la cena del Señor

La Biblia dice que mientras comían (A saber, la pascua judía) Jesús instituyó la santa cena o la cena del Señor. El texto dice:

> *"Y mientras comían, tomó Jesús el pan, y bendijo, y lo partió, y dio a sus discípulos, y dijo: Tomad, comed; esto es mi cuerpo. Y tomando la copa, y habiendo dado gracias, les dio, diciendo: Bebed de ella todos; porque esto*

es mi sangre del nuevo pacto, que por muchos es derramada
para remisión de los pecados". (Mateo 26.26-28)

Es necesario entender en esta acción de Jesús lo siguiente:

A. Jesús está estableciendo un nuevo pacto.

Dios había hecho un pacto con Israel en el desierto para poder santificarlos y redimirlos de sus pecados. Ese pacto consistía en una clase de sacrificios por el pecado. Uno de esos sacrificios era el cordero pascual, o, mejor dicho, aquel cordero que se sacrificaba en el día de la pascua. Este sacrificio se hacía por toda la nación de Israel, pero también cada familia tenía que sacrificar uno y comerlo. Cuando Jesús se iba de esta tierra y estuvo cenando con sus discípulos, estableció un nuevo pacto, pero ahora con la Iglesia.

B. El nuevo pacto sustituye el cordero y la sangre.

En el pacto viejo se derramaba la sangre y se comía el cordero junto con unas hierbas amargas, y un tipo de ceremonia que se realizaba, en la cual se recordaba y se hacía memoria de la salvación que Dios había hecho con ellos en Egipto. En el nuevo pacto se sustituye el cordero y la sangre. Entonces, se come el pan que simboliza a Cristo como el cordero y se toma vino el cual simboliza la sangre derramada por Jesús en la cruz del calvario.

C. El nuevo pacto le dio el nombre: "La cena del Señor".

Después que Cristo ascendió a los cielos, la iglesia primitiva ya no usó más el término "pascua", sino que usó la expresión "La cena del Señor". De allí entonces la terminología. "La santa cena" refiriéndose no a la pascua judía, sino a la cena que Jesús estableció como señal de su nuevo pacto con la Iglesia. En algunas ocasiones también se le da el nombre de comunión, o la mesa de la comunión.

III. La práctica de la cena del Señor.

Como hemos visto anteriormente, la cena del Señor es un sacramento de la iglesia y que tiene un significado muy especial para los cristianos. No obstante, hay que detenernos un poco y hacer algunas preguntas, tales como; ¿Por qué debemos participar y cómo lo debemos de hacer? Por lo tanto, a continuación, estaremos aprendiendo sobre esta práctica tan esencial para el pueblo de Dios.

A. ¿Por qué se debe comer la cena del Señor?

Aunque muchas pueden ser las motivaciones que pueda tener un hijo de Dios para participar de la cena del Señor, existen por lo menos cuatro razones bíblicas del por qué debemos participar de la Cena del Señor.

1.   *Lo hacemos para acordarnos que él murió por nosotros.*

Una de las primeras razones que tiene el hijo de Dios para participar de este sacramento, es recordar que Cristo murió por nosotros. El texto bíblico dice:

> *"Y habiendo dado gracias, lo partió, y dijo: Tomad, comed; esto es mi cuerpo que por vosotros es partido; haced esto en memoria de mí." (1 Corintios 11.24)*

"Haced esto en memoria de mi" Al igual que en el Antiguo pacto con Israel, Dios les ordenó celebrar la pascua una vez al año, para que se recordaran de la liberación y salvación de Israel de la mano del Faraón, así también en el Nuevo Pacto. Nuestro Señor Jesucristo no quiere que nadie se olvide de su sacrificio, y menos tratándose de su propia vida, la cual fue ofrecida en rescate por nosotros. El ser humano por lo general se olvida de las cosas una vez que las ha resuelto. Sin embargo y para que no nos olvidemos, Jesús nos exigió celebrar la Santa cena como comunión con él.

2. *Lo hacemos por obediencia.*

La segunda razón por la cual debemos participar tiene que ver con la obediencia a su mandamiento. El texto dice:

> *"Asimismo tomó también la copa, después de haber cenado, diciendo: Esta copa es el nuevo pacto en mi sangre; haced esto todas las veces que la bebiereis, en memoria de mí." (1 Corintios 11.25)*

"Haced esto" es un mandamiento de Jesús para su Iglesia. Por lo general, si observamos alguna orden o palabra de Jesús en la cual nos pide que hagamos algo, vamos a tener que obedecer y este es uno de esos casos. Por lo tanto, debemos de participar de la cena, por obediencia.

3. *Para anunciar la muerte del Señor, hasta que el venga.*

El tercer motivo que tenemos para participar de la cena tiene que ven con la escatología profética. En otras palabras, la santa cena es un mensaje profético de lo que sucederá en el futuro. El texto de Pablo a los corintios dice:

> *"Así, pues, todas las veces que comiereis este pan, y bebiereis esta copa, la muerte del Señor anunciáis hasta que él venga." (1 Corintios 11. 26)*

Entonces, cada vez que un cristiano participa de la cena del Señor está confesando que Cristo ha de venir un día a levantar a su pueblo. Por lo tanto, se convierte en un mensaje profético muy poderoso, pues indica la fe que tiene el creyente en que Cristo ha de retornar nuevamente a la tierra.

4. *Para tener vida eterna*

Los fieles seguidores de Jesús deben participar de su cena para tener vida eterna, y esa doctrina la encontramos en las escrituras y fue establecida por nuestro Señor. Observemos la postura de Jesús referente a este tema:

"Yo soy el pan vivo que descendió del cielo; si alguno comiere de este pan, vivirá para siempre; y el pan que yo daré es mi carne, la cual yo daré por la vida del mundo. Jesús les dijo: De cierto, de cierto os digo: Si no coméis la carne del Hijo del Hombre, y bebéis su sangre, no tenéis vida en vosotros. El que come mi carne y bebe mi sangre, tiene vida eterna; y yo le resucitaré en el día postrero." (Juan 6.51-54)

Este es un texto poderoso, pero muy controversial, pues la gente comenzó a desertar al oírla y aun a sus discípulos les pareció muy fuerte. Sin embargo, estas palabras tienen un significado muy impresionante referente a lo que estamos hablando.

En este texto Jesús exige a sus discípulos que deben comer su carne y beber su sangre para tener vida eterna. Obviamente, Jesús en esta ocasión no se está refiriendo a que literal o físicamente los creyentes deben comer su carne, pues no son unos caníbales.

Lo que Jesús está diciendo es que los que no participen de la cena del Señor, la cual contiene su cuerpo (pan) y su sangre (vino) no podrán tener vida eterna. Y aun agrega: *"y yo le resucitaré en el día postrero"*, enfatizando que la clave para ser resucitado y tener la vida eterna, depende de la comunión que uno tenga con él; esta comunión pasa por participar de su mesa.

B. ¿Cómo debemos comer la cena del Señor?

La segunda pregunta que debemos plantearnos sobre el asunto de la santa cena es ¿Cómo debemos comerla? Para contestar esta pregunta San Pablo habla de tres cosas a considerar cuando participamos de la cena del Señor y estas las encontramos dichas a los corintios. *(1 Corintios 11. 27-29)*

1. Debemos comerla dignamente. (1 Corintios 11.27)

La primera cosa que uno debe de saber, cuando vamos a participar de la cena del Señor, es que hay que comerla dignamente.

La palabra "digno" se traduce como: "Tener el favor de Dios". Aunque reconocemos que Dios es el que nos hace dignos por su misericordia, no obstante, el hijo de Dios se debe guardar sin pecado en este mundo. La cena se come siendo digno, y solamente el pecado hace indigna a la persona. Por lo tanto, la persona debe asegurarse que es digna.

2. Debemos probarnos primero. (1 Corintios 11.28)

La segunda cosa que un cristiano debe de saber es que cualquier persona que participa de la cena del Señor debe hacerse un autoexamen. Al menos, ese es el espíritu de la palabra de Pablo. Aunque debemos aclarar que aquí no estamos hablando de una perfección (pues nadie es perfecto solo Dios); sino que estamos hablando de aquello que puede estorbar y que sabemos que es pecado de acuerdo con la Biblia. Cuando alguien reconoce que ha cometido algún pecado que lo haga indigno, entonces, debe de abstenerse de participar.

3. Debemos discernir el cuerpo y la sangre del Señor Jesús.
(1 de Corintios 11.29)

Por último, el participante debe discernir el cuerpo y la sangre de Cristo, los cuales son parte fundamental de la Santa Cena. Pero ¿Qué quiere decir discernir? Esta palabra significa separar, y también se puede traducir como examinar. Por lo tanto, todo participante de la cena del Señor debe de saber que esta no es una cena cualquiera, tal y como ir a cenar con la familia, o participar de una fiesta de cumpleaños, donde todos podemos participar, no.

Esta es la cena del Señor y uno debe saber que ese pan simboliza el cuerpo de Cristo que fue molido por nuestros pecados en la cruz del calvario. En ese sentido, es que el Apóstol dice "hay que discernir el cuerpo y la sangre".

C. Consecuencias de participar indignamente

El otro asunto que es de igual importancia, pero que se descuida muy a menudo, tiene que ver con la participación de la cena sin saber lo que uno está haciendo. Hay que considerar que participar de la cena del Señor sin haber considerado lo que se ha presentado en el inciso anterior, puede ocasionar serias consecuencias.

Existen por lo menos tres consecuencias por comer la cena del Señor de una manera indigna o inadecuada, las cuales son especificadas por el apóstol Pablo.

> "Por lo cual hay muchos enfermos y debilitados entre vosotros, y muchos duermen. Si, pues, nos examinásemos a nosotros mismos, no seríamos juzgados; más siendo juzgados, somos castigados por el Señor, para que no seamos condenados con el mundo". (1 Corintios 11.30-32)

1. El que come indignamente, será culpado del cuerpo y de la sangre del Señor Jesús.

2. El que come sin discernir, juicio come y bebe para sí, por eso los que no son bautizados no pueden participar.

3. Muchos se enferman, otros se debilitan y otros duermen.

Como hemos visto en este punto, hay serias consecuencias de participar indignamente de la cena del Señor. Alguien se puede preguntar, y ¿por qué esta dureza? Bueno, debemos de saber que la razón es que se trata de participar en los padecimientos de Cristo en la cruz del calvario, y eso no fue algo sencillo, sino que fue muy doloroso para nuestro Maestro. Por lo tanto, se debe de procurar un elevado respeto a ese sacrificio.

IV. El lavatorio de pies

Otro de los asuntos que también se incluye en la ceremonia de la santa cena en algunas tradiciones cristianas, es el lavatorio de pies. Aunque reconocemos que quizás no todas las Iglesias participan de esto, no obstante, la enseñanza de esta práctica se incluye en este libro para entender las razones por la cual está puesta en las sagradas escrituras. El texto en el cual se establece esta práctica cristiana se llevó a cabo precisamente durante la celebración de la santa cena por nuestro Señor Jesucristo.

> *"Se levantó de la cena, y se quitó su manto, y tomando una toalla, se la ciñó. Luego puso agua en un lebrillo, y comenzó a lavar los pies de los discípulos, y a enjugarlos con la toalla con que estaba ceñido." (Juan 13.1-5)*

Para poder entender a profundidad sobre este tema es necesario considerar las siguientes cosas sobre la doctrina del lavatorio de pies.

A. El acto del lavatorio de pies

El pasaje de Juan 13 nos habla de uno de los actos más sublimes realizados por nuestro salvador. Aquí observamos al Rey de reyes, humillándose como siervo. Después de participar de la Santa Cena, el Señor practica el lavatorio de pies.

La Biblia lo enseña y es por la misma razón que la Iglesia practica además de la Santa Cena, el *Lavatorio de pies*. La Iglesia está consciente del sentido espiritual y de la enseñanza que nuestro Señor Jesucristo nos dejó a través de este hermoso ejemplo que es el lavatorio de los pies.

Esta práctica no es un caso circunstancial, o simplemente un rito o un hábito religioso. Es parte de una doctrina cristiana, incluso es un mandamiento.

B. ¿En qué momento se llevó a cabo este evento?

El lavatorio de los pies se efectuó el primer día de la fiesta de la Pascua y antes de la fiesta nuestro Señor se levantó, después de haber cenado, y se preparó para lavar los pies de los discípulos. Comparemos esta referencia bíblica:

> "Se levantó de la cena, y se quitó su manto, y tomando una toalla, se la ciñó. Luego puso agua en un lebrillo, y comenzó a lavar los pies de los discípulos, y a enjugarlos con la toalla con que estaba ceñido." (Juan 13.4 – 5)

C. La institución doctrinal del lavatorio de Pies.

La Iglesia cristiana cree firmemente que la Santa Cena se debe practicar como parte de una ceremonia de comunión y humil-dad. El caso del lavatorio que practicó Jesús nos deja ver que Jesús quiere algo más de nosotros en esta institución. Por lo tanto, a continuación, presentamos algunas observaciones respecto a esta práctica.

Primero, este lavatorio de pies no es un lavatorio tradicional. Era la costumbre oriental de lavarse los pies, sin embargo, la practica era que lo hacían los siervos a los superiores, pero aquí Jesús, siendo el Señor, es el que lo hace.

Segundo, lo hacen durante la cena, o sea, se interrumpe la cena. Todo estaba preparado. La toalla, el agua y el lebrillo; solo hacía falta el siervo. Y allí se presentó el que debía ser servido y él se puso como ejemplo.

Tercero, todos participaron de ello. Aunque Pedro no quería que Jesús le lavara los pies, no obstante, Jesús lo obliga a que se deje lavar los pies si quería tener parte con él (Juan 13.8).

Y es en este mismo versículo donde se establece el significado espiritual de esto:

"Los que están limpios no necesitan sino lavarse los pies".
v. 10.

Esto indica que los pies son los que se les ensuciaban, por lo tanto, debían lavárselos. Término simbólico porque al lavarse los pies, ellos se están limpiando de la contaminación del mundo.

Este verso es el que arroja más claridad. Jesús les habla de limpieza y que ellos están limpios, aunque no todos, refiriéndose a Judas. Entonces esta limpieza no tiene que ver con la limpieza del cuerpo, sino con la limpieza espiritual. Recordemos lo que Dios le dijo a Moisés:

> *"No te acerques; quita tu calzado de tus pies, porque el lugar en que tú estás, tierra santa es." (Éxodo 3.5)*

D. El significado y la práctica del lavatorio de pies.

Podemos ver que el deseo de Jesús con esta práctica alude a dos cosas fundamentales. Primero, es un acto de pura humildad.

> *"Pues si yo, el Señor y el Maestro, he lavado vuestros pies ... "(Juan 13:14)*

Esta práctica demuestra que en la tierra todos somos iguales y no existe rango ni categoría superior de uno sobre otro.

Segundo, el lavatorio de pies es una práctica que Jesús mandó hacer.

> *"...vosotros también debéis lavaros los pies los unos a los otros. Porque ejemplo os he dado, para que como yo os he hecho, vosotros también hagáis." (Juan 13.14-15)*

Conclusión

Concluimos este capítulo señalando que Dios nos ha dado el gran privilegio de participar de la santa cena y del lavatorio de pies. Eso significa que estamos en comunión con Cristo y con nuestros hermanos.

Por lo tanto, como hijos de Dios debemos anhelar el momento de practicarlos, ya que representa un tiempo muy especial en que nos recogemos espiritualmente y nos sensibilizamos con el sacrificio que Cristo hizo por nosotros.

Además, hemos aprendido que debemos prepararnos espiritualmente para poder participar de este sacramento.

Capítulo 17

El rapto de la iglesia

≈

"Porque el Señor mismo con voz de mando, con voz de arcángel, y con trompeta de Dios, descenderá del cielo; y los muertos en Cristo resucitarán primero. Luego nosotros los que vivimos, los que hayamos quedado, seremos arrebatados juntamente con ellos en las nubes para recibir al Señor en el aire, y así estaremos siempre con el Señor"

(1 DE TESALONICENSES 4.16-17)

Introducción

La doctrina del recogimiento de la iglesia es medular en la fe y esperanza de los santos. Sin embargo, hay muchos cristianos que están desconectados de su realidad o le prestan poca importancia a este tema. Por lo tanto, es necesario enseñar a la iglesia sobre este punto doctrinal que todos debiéramos manejar con facilidad, ya que muchos falsos maestros y predicadores anuncian periódicamente el fin del mundo y la venida de Cristo (incluso dan fechas de su venida), pero no sucede.

Es por lo que esta enseñanza es muy necesaria, primero, para que el creyente conozca sobre este evento tan importante, y segundo, para que se prepare.

I. La doctrina del rapto de la iglesia

Entre los muchos eventos del futuro que han de suceder con respecto a la Iglesia, uno de los que más predicó la iglesia primitiva fue precisamente "el rapto de la Iglesia". La iglesia primitiva usaba con frecuencia la palabra "Maranata" que quiere decir, "El Señor viene" para saludarse y despedirse en los eventos diarios que tenía la iglesia.

La razón era sencilla, ellos estaban esperando el regreso de Cristo en cualquier momento, de tal manera que se saludaban de esa manera. Creían que quizás esa podría ser la última vez que se mirarían aquí en la tierra.

El rapto o el levantamiento de la iglesia es uno de los temas más emocionantes que encontramos en la Biblia y la razón es que describe lo que Dios hará con su iglesia. Aunque para muchos, este tema es algo que no se conoce, pero para la Iglesia del Señor es un mensaje poderoso, de esperanza y de fe.

A. Definición

El rapto de la Iglesia es el levantamiento o traslado de la Iglesia del Señor a un lugar especial preparado por Cristo en el cielo y eso ha de suceder pronto. Se le llama rapto, por el termino griego *"harpaz"* que se traduce arrebatar, y se le llama también *rapto* por la forma en que se ha de llevar a cabo.

El termino también significa, ser secuestrado o raptado repentinamente. Por lo tanto, y tomando en consideración esta definición, podemos conocer la forma en que Dios se llevará a su Iglesia con él.

No obstante, aunque el levantamiento de la Iglesia es parte del regreso de Cristo a la tierra, no se debe confundir con la segunda venida de Cristo, ya que este último evento se llevará a cabo siete años después del rapto de la Iglesia.[61]

---

[61] La diferencia entre el rapto y la segunda venida radica en que en el rapto de la Iglesia Cristo regresa por su Iglesia, pero no pisa la tierra, pues la Iglesia sube y se encuentra con Cristo en las nubes. Pero en la segunda venida, Cristo desciende hasta la tierra y pone sus pies en el monte de los olivos, precisamente en donde ascendió a los cielos.

B. Posturas acerca del rapto de la iglesia

Es bien sabido por la mayoría de los cristianos y estudiosos de la Biblia que hay diferentes opiniones respecto a cuándo será levantada la Iglesia. Por lo menos existen tres posturas bien claras, las cuales son las más populares entre los cristianos evangélicos, y estas son:

- Antes de la Gran tribulación
- A la mitad de la Gran tribulación
- Al final de la Gran tribulación

La Gran tribulación es el evento base para las tres posturas. Se entiende por tribulación el periodo de siete años de sufrimiento que ha de vivir la humanidad y donde se experimentaran castigos de grandes proporciones en la tierra. Serán días en los cuales los seres humanos no desearán vivir por causa de los juicios que Dios ha de traer a todos los moradores de la tierra que no le sirvieron y que se dejaron engañar por el enemigo. (Mateo 24, 25; Apocalipsis 6-16).

Nuestra postura es que la Iglesia será raptada antes de la Gran Tribulación de aquellos días. Las razones para esta doctrina son las siguientes: un método literal de interpretación del rapto, una interpretación dispensacional de las escrituras, la iglesia e Israel son dos grupos diferentes en los que Dios tiene planes distintos y una base escritural que apoya esta postura.

C. Una doctrina establecida por Jesús

En la Biblia tenemos muchas profecías que nos hablan de este particular y su máximo exponente es nuestro Señor Jesucristo. Cuando él vino a la tierra, los eventos escatológicos eran sus puntos importantes de predicación.

> *"Y decía a las multitudes que salían para ser bautizadas por él: !!Oh generación de víboras! ¿Quién os enseñó a huir de la ira venidera?" (Lucas 3.7)*

Si podemos observar, Cristo les predicaba sobre "la ira venidera" en una clara referencia a la gran tribulación que habría en el futuro.

A continuación, presentamos cinco puntos esenciales sobre la doctrina del rapto de la Iglesia establecida por Jesús.

1. Jesús promete regresar como el Esposo.

Primeramente, debemos mencionar que es bien sabido que Jesús es el futuro esposo de la Iglesia y nuestro Maestro promete que él va a regresar de nuevo a levantar a la Iglesia con la cual ha de casarse (Apocalipsis 19.7-9). Para establecer esta postura, podemos leer el siguiente pasaje de Mateo:

> *"Entonces el reino de los cielos será semejante a diez vírgenes que, tomando sus lámparas, salieron a recibir al esposo." (Mateo 25.1)*

En este pasaje de las 10 vírgenes Jesús plantea una semejanza de cómo ha de ser el reino de los cielos. Será "semejante a diez vírgenes" que esperan al esposo. Por lo tanto, en el mismo pasaje habla de su regreso como un esposo que viene por la novia y lo ejemplifica con esta parábola de las 10 vírgenes, cinco prudentes (que están listas y preparadas) y cinco insensatas (que no están listas) dándonos a conocer la condición de la Iglesia: los que lo esperan y los que no lo esperan.

2. Jesús promete levantarnos con él.

El segundo punto tiene que ver con las promesas de Jesús a sus seguidores y, por ende, a su iglesia. Una de ellas es la siguiente:

> *"Y yo, si fuere levantado de la tierra, a todos atraeré a mí mismo." (Juan 12.32).*

En este pasaje él dice que si es el levantado de la tierra a todos atraerá con él. Obviamente, que Jesús sabía que iba a ser levantado, pues lo había dicho muchas veces, sin embargo, esta era la forma de hablar en aquellos días. Entonces, eso es exactamente lo que sucederá cuando Cristo venga otra vez: él levantará de la tierra a su Iglesia.

3. Jesús promete un lugar en el cielo.

Otro de los puntos de referencia sobre el rapto son aquellas palabras de ánimo que Jesús les da a sus seguidores.

> *"No se turbe vuestro corazón; creéis en Dios, creed también en mí. En la casa de mi Padre muchas moradas hay; si así no fuera, yo os lo hubiera dicho; voy, pues, a preparar lugar para vosotros". (Juan 14.1-2).*

En este pasaje Jesús promete un lugar en la casa de su padre. ¿Cuál es la casa de su padre? Nuestro Maestro lo enseña claramente en la famosa oración del padre nuestro: diciendo "padre nuestro que estás en los cielos ..." (Mateo 6.9)

4. Jesús promete volver de nuevo.

Otro punto importante sobre este tema es otra promesa de Jesús a sus seguidores y esta tiene que ver con un lugar para estar con él y la forma que este evento ha de llevarse a cabo. Jesús dice:

> *"Y si me fuere y os preparare lugar, vendré otra vez, y os tomaré a mí mismo, para que donde yo estoy, vosotros también estéis." (Juan 14.3)*

En este versículo Jesús habla de irse al cielo y volver otra vez, pero no solo de volver otra vez, sino de tomar a su iglesia y llevarla a un lugar preparado para que esté con él.

5. El testimonio de los Ángeles.

Por último, cuando Jesús se elevó al cielo, aparecieron dos varones con vestiduras blancas, que eran los mismos Ángeles que estaban al pie de la tumba vacía cuando Jesús resucitó, quienes dijeron:

"Varones Galileos, ¿por qué estáis mirando hacia el cielo?
Este mismo Jesús que ha sido tomado de vosotros al cielo,
así vendrá como lo habéis visto ir al cielo." (Hechos 1.11)

Con esta importantísima revelación de los ángeles, se cierra la base de esta doctrina, pues de la misma forma que subió, así descenderá. Aunque esta parte puede implicar también el descenso de Jesús sobre el monte de los olivos en su segunda venida, no obstante, aquí se les dice a los seguidores de Jesús, que tengan ánimo pues Jesús regresara otra vez.

Con estos textos y muchos más se profetizó que Jesús regresaría otra vez, pero esta vez para levantar a su Iglesia y para llevarla con Él.

En esa palabra la Iglesia siempre ha esperado, esa es nuestra esperanza, y nuestra fe de que él regresará otra vez por nosotros. Si Jesús prometió regresar, él lo cumplirá porque él no es hombre para que mienta, ni hijo de hombre para que se arrepienta.

II. En qué consiste el rapto de la iglesia

A. *El rapto consiste en un traslado*

El rapto de la Iglesia consiste en un traslado, es decir, la Iglesia será trasladada de un lugar a otro. Eso sucederá para dar lugar al plan divino de Dios para la humanidad. El rapto es la señal de la gran tribulación que vendrá sobre la faz de la tierra.

Hay dos palabras que debemos considerar cuando hablamos del traslado de la iglesia. La primera palabra es "trasladar" del gr. *metathesis*, y significa cambio de posición. Con esta palabra podemos entender que la Iglesia será cambiada de una posición inferior a una superior. La otra palabra es "trasponer" del gr. *metatithemi*, y significa: transferir a otro lugar. Un ejemplo de esta palabra la tenemos en la historia bíblica con Enoc.

"Por la fe Enoc fue traspuesto para no ver muerte, y no
fue hallado, porque lo traspuso Dios; y antes que fuese

traspuesto, tuvo testimonio de haber agradado a Dios."
(Hebreos11. 5)

Enoc es un claro ejemplo de cómo es que la Iglesia ha de ser traspuesta. Este hombre de Dios, Enoc, del cual sabemos poco, salvo por la literatura extrabíblica, tuvo la gran experiencia de ser traspuesto en vida hacia el cielo. Es decir, de repente Dios se lo llevó mientras él vivía aquí en este mundo y lo puso en un lugar en el cielo con Dios. Por lo tanto, la Iglesia también será cambiada de lugar, traspuesta de la tierra al cielo.

Entonces, solamente al traducir estos términos podemos encontrar la naturaleza del rapto de la Iglesia y de la condición que la misma ha de tener cuando el Señor la lleve con él. La iglesia ha de ser elevada, no solo de lugar sino de posición también.

B. El rapto forma parte del juicio de Dios

Otra de las cosas realmente significativas respecto al rapto tiene que ver con las repercusiones escatológicas del mismo. El rapto de la Iglesia es el inicio de los juicios y castigos de Dios para esta humanidad; pero también es la puerta para que Satanás engañe a este mundo; ya que, al ser la Iglesia raptada, el Espíritu Santo será quitado de la tierra. De esto la Biblia dice lo siguiente:

> *"Y ahora vosotros sabéis lo que lo detiene, a fin de que a su debido tiempo se manifieste. Porque ya está en acción el misterio de la iniquidad; sólo que hay quien al presente lo detiene, hasta que él a su vez sea quitado de en medio. Y entonces se manifestará aquel inicuo, a quien el Señor matará con el espíritu de su boca, y destruirá con el resplandor de su venida." (2 de Tesalonicenses 2. 6-8)*

Este evento tiene algunas cosas muy importantes que debemos tener en cuenta; especialmente en qué consiste, en qué tiempo ocurrirá este evento y donde se llevará a cabo. El levantamiento de la iglesia dará paso a la manifestación abierta del anticristo y el inicio de los planes malévolos del enemigo.

C. Elementos del rapto

1. Los cristianos sufrirán una transformación.

Para entrar al mundo espiritual se tiene que estar en el espíritu, ya que la Biblia dice que carne y sangre no pueden entrar (1 Corintios 15.50); para eso el Señor deberá trasformar nuestros cuerpos en cuerpos espirituales e incorruptibles, los cuales si pueden entrar a la presencia del Señor.

Para explicar mejor esto, es necesario considerar las palabras del apóstol Pablo a los corintios, cuando dice:

> *"He aquí, os digo un misterio: No todos dormiremos; pero todos seremos transformados, en un momento, en un abrir y cerrar de ojos, a la final trompeta; porque se tocará la trompeta, y los muertos serán resucitados incorruptibles, y nosotros seremos transformados" (1 Corintios 15. 51-52)*

En este pasaje bíblico podemos encontrar detalles más concisos de cómo es que se ha de llevar a cabo el traslado o la trasposición de la iglesia de la que ya hablábamos. El hijo de Dios que se haya guardado fiel será transformado de un cuerpo corruptible y pecaminoso a un cuerpo incorruptible y puro. En un abrir y cerrar de ojos, lo cual indica que será en segundos, arrebatado con Cristo, tal y como veremos abajo.

2. Los cristianos recibirán un vestido y cuerpo celestial.

El hijo de Dios para poder entrar en el cielo con Cristo tiene que ser vestido con una ropa especial y esta no es terrenal y mucho menos física, por lo tanto, es celestial.

> *"Porque sabemos que si nuestra morada terrestre se deshiciere, tenemos de Dios un edificio, no hecho de*

manos, eterno ... deseando ser revestidos de aquella habitación celestial." (2 Corintios 5.1-2)

Aunque este texto puede interpretarse simbólicamente, ya que las vestiduras celestiales hacen alusión a lo que hablábamos arriba, no obstante, esto quiere decir, que el hijo de Dios ha de recibir un cuerpo celestial, ya que humanamente es imposible entrar si no ve a Cristo en espíritu.

3. Los cristianos serán resucitados y levantados en el aire.

Finalmente, los cristianos serán resucitados si estos estuvieren muertos y posteriormente serán arrebatados y levantados en el aire para encontrarse con Cristo. Quizás esto es lo más grande que podemos esperar que haga Jesús con su Iglesia.

Si alguien murió en Cristo y está sepultado, cuando Cristo venga, esa persona se levantará de la tumba para ser levantado con el Señor. Pero si el creyente está vivo, entonces recibirá una transformación y será levantado juntamente con los demás que han resucitado. El texto de Pablo lo dice de la siguiente manera:

"Porque el Señor mismo con voz de mando, con voz de arcángel, y con trompeta de Dios, descenderá del cielo, y los muertos en Cristo resucitarán primero, luego los que vivimos, los que hayamos quedado, seremos arrebatados juntamente con ellos en las nubes, para recibir al Señor en el aire y así estaremos siempre con el Señor." (1 Tesalonicenses 4.16-17)

Es bastante impresionante saber que el hijo de Dios ha de ser resucitado de entre los muertos y luego ser levantado, o si estuviere vivo, entonces será transformado en un cuerpo espiritual y de la misma manera, que los anteriores, será levantado en los aires para estar siempre con el Señor.

III. La posición de la Iglesia

A. *Ciudadanía celestial*

Entre las muchas bendiciones que le esperan al cristiano fiel; se encuentra su estadía eterna. Lo más grande de todo, será que nosotros seremos ciudadanos de la santa ciudad donde está Dios. El apóstol Pablo les dice a los filipenses:

> *"Mas nuestra ciudadanía está en los cielos, de donde también esperamos al Salvador, al Señor Jesucristo."* *(Filipenses 3.20)*

Es de considerar que muchos han soñado ese momento y finalmente podrán disfrutarlo, al caminar por esas calles y admirar la belleza de la Nueva Jerusalén. Entonces, nosotros, los cristianos, tendremos una nueva ciudadanía. Seremos ciudadanos de una ciudad celestial para siempre. Juan describe un poco la naturaleza de la ciudad:

> *"Y me llevó en el Espíritu a un monte grande y alto, y me mostró la gran ciudad santa de Jerusalén, que descendía del cielo, de Dios, teniendo la gloria de Dios. Y su fulgor era semejante al de una piedra preciosísima, como piedra de jaspe, diáfana como el cristal."* *(Apocalipsis 21.10-11)*

Este gran siervo de Dios tuvo el privilegio de ser trasladado en visión hacia el futuro y poder mirar cómo ha de ser la ciudad donde todos los redimidos han de vivir para siempre con el Salvador.

Un dato interesante es saber que en esa ciudad,

> *"No entrará en ella ninguna cosa inmunda, o que hace abominación y mentira, sino solamente los que están inscritos en el libro de la vida del Cordero".* *(Apocalipsis 21.27)*

Por lo tanto, el que quiera terminar en esta ciudad gloriosa debe prepararse para poder estar en la condición de entrar a ese lugar. El texto es bastante especifico en las restricciones que tendrán aquellos que deseen estar allí.

B. La espera y cumplimiento del rapto.

Por eso no podemos desmayar en nuestra esperanza, ni podemos claudicar porque el Señor vendrá, aunque algunos lo tengan por tardanza. El apóstol Pedro exhorta a la Iglesia cuando les dice:

> *"El Señor no tarda su promesa, según algunos la tienen por tardanza, sino que es paciente para con nosotros, no queriendo que ninguno perezca, sino que todos procedan al arrepentimiento." (2 Pedro 3.9)*

La Iglesia primitiva vivía en un constante esperar de Cristo; aunque a través de los tiempos ha habido muchas personas que se han atrevido a poner fechas de su venida. Realmente nadie puede poner una fecha para ello, pues la Biblia dice:

> *"Velad, pues, porque no sabéis a qué hora ha de venir vuestro Señor." (Mateo 24.42)* Y también, *"Velad, pues, porque no sabéis el día ni la hora en que el Hijo del Hombre ha de venir." (Mateo 25.13)*

Conclusión

Concluimos este capítulo mencionando que el rapto de la Iglesia es inminente (que va a suceder y nadie lo puede impedir) y por lo tanto, hay que estar preparados para ese día. Aunque nadie sabe cuándo será, una cosa sí sabemos y es que ciertamente acontecerá. Por lo tanto, debemos velar a fin de que no nos sorprenda desprevenidos (Mateo 24.36-44).

Bibliografía

Bacchiocchi, Samuele *Vestimenta y Ornamentos en el Nuevo Testamento*, Andrews University. en: http://www.laicos.org/sbvestimentantcap3.htm.

Bancroft, Emery H. *Fundamentos de Teología Bíblica*. Grand Rapids Michigan: Editorial Portavoz, 1986.

Berkhof, Louis. *Teología Sistemática*. Jenison, MI: T.E.L.L., 1995

Betancourt, Esdras. *Manual de Consejería Pastoral*. Cleveland, TN: Editorial Evangélica, 2015.

Comentario Bíblico de Mattew Henry. Traducido y editado por Francisco Lacueva; Barcelona, España: Editorial CLIE, 1999.

Diccionario de Ética cristiana y teología pastoral. Barcelona España: Editorial CLIE, 2004

El Pequeño Larousse Ilustrado. México D.F.: Edición Larousse, 2005

Enciclopedia Electrónica Ilumina. Nashville, TN: Caribe –Betania Editores, 2005

Fortino, Juan. *Curso Apostólico de Formación Doctrinal*, Miami FL: Departamento de publicaciones, Colegio Apostólico de la Florida, 1997.

Galán, Vicente. *Ética del comportamiento cristiano*. Barcelona España: Editorial CLIE, 1992.

Geiser, Norman y Brooks, Ron. *Apologética*, Miami FL: Editorial UNILIT, 1995.

Grenz, Stanley J, David Guretzky y Cherith Fee Nordling. *Términos Teológicos*. El Paso TX: Editorial Mundo Hispano, 2006.

Grudem, Wayne A. *Cómo entender la salvación: Una de las siete partes de la Teología Sistemática*. Nashville TN; Zondervan, 2013.

Hodge, Charles. *Teología Sistemática*. Barcelona España, Editorial CLIE, 1991.

Lacueva, Francisco. *Curso de Formación Teológica Evangélica*. Barcelona, España: Editorial CLIE, 1975.

Liardon, Roberts. *Los Generales de Dios*. Buenos. Aires Argentina: Editorial Peniel, 2000.

Lopez, Ediberto. *Cómo se formó la Biblia*. Minneapolis, MN: Augsburg Fortress, 2006.

Lyman, Jessy H. *Historia de la Iglesia Cristiana*. Miami FL: Editorial Vida, 1999.

Maier, Paul L. Eusebio *Historia de la Iglesia*. Gran Rapids MI: Editorial Portavoz, 1999.

Maier, Paul L. Josefo. *Las obras esenciales*. Grand Rapids MI: Editorial Portavoz, 1994.

Martínez, Juan F. Y Scott, Luis. *Iglesias peregrinas en busca de identidad*. Buenos Aires Ar: Editorial Kairós, 2004.

Mcdowell, Josh y Bob Hostetler. *Es bueno o es malo*. El paso TX: Editorial Mundo Hispano, 1996.

McDowell, Josh. *Evidencia que exige un veredicto*. Deerfield FL: Editorial Vida, 1993.

Munroe, Myles. *Entendiendo el propósito y el poder de los hombres*. New Kensington, PA: Whitaker House, 2003.

Narramore, Clyde M. *Enciclopedia de Problemas sicológicos*. Miami, FL: Editorial UNILIT, 1970.

Osborne, Cecil G. *Psicología del Matrimonio*. Miami, FL: Editorial UNILIT, 1989.

Pentecost, J. Dwight. *Eventos del Porvenir*, Deerfield FL: Editorial Vida, 1984.

Ramos, Marcos Antonio. *Nuevo diccionario de Religiones, Denominaciones y Sectas*. Miami, FL: Editorial Caribe, 1998.

Simposio Doctrinal Apostólico, Dallas Texas: Secretaria de Educación Cristiana, 2007

Smalley Gary, *El gozo del Amor Comprometido*. Tomo 1 y 2, Nashville, TN: Editorial Betania, 1986.

Strong, James, LL.D., S.T.D. *Nueva Concordancia Strong Exhaustiva*. Nashville, TN: Editorial Caribe, 2002.

Tinoco, Roberto. *La deserción en la iglesia: por qué la gente se va y qué podemos hacer*. Bloomington IN: WestBow Press, 2016.

Tinoco, Roberto. *La vida cristiana: una guía bíblica para nuevos convertidos*. Bloomington, IN: WestBow Press, 2016.

Vine, W.E. *Diccionario Expositivo de palabras del Antiguo y Nuevo Testamento*. Nashville, TN: Grupo Nelson, 2007.

Vine, W.E. *Diccionario Expositivo de Palabras del Nuevo Testamento*. Barcelona España: Editorial CLIE, 1984.

Printed in the United States
By Bookmasters